Catequese
com estilo
Catecumenal

Antonio Francisco Lelo

Catequese
com estilo
Catecumenal

Paulinas

Dados Internacionais de Catalogação na Publicação (CIP)
(Câmara Brasileira do Livro, SP, Brasil)

Lelo, Antonio Francisco
Catequese com estilo catecumenal / Antonio Francisco Lelo. – 8.
ed. – São Paulo : Paulinas, 2014. – (Coleção água e espírito)

Bibliografia.
ISBN 978-85-356-3676-5

1. Catequese - Igreja Católica 2. Catecumenato 3. Ritos iniciáticos
- Aspectos religiosos - Igreja Católica 4. Sacramentos - Igreja Católica
5. Vida cristã I. Título. II. Série.

13-12761 CDD-268.434

Índice para catálogo sistemático:
1. Catequese : Catecumenato : Cristianismo 268.434

8ª edição – 2014
6ª reimpressão – 2023

Direção-geral: *Flávia Reginatto*
Editores responsáveis: *Vera Ivanise Bombonatto e*
Antonio Francisco Lelo
Copidesque: *Anoar Jarbas Provenzi*
Revisão: *Ruth Mitzuie Kluska*
Direção de arte: *Irma Cipriani*
Gerente de produção: *Felício Calegaro Neto*
Capa e diagramação: *Telma Custódio*

Nenhuma parte desta obra pode ser reproduzida ou transmitida por
qualquer forma e/ou quaisquer meios (eletrônico ou mecânico, incluindo fotocópia e gravação) ou arquivada em qualquer sistema ou
banco de dados sem permissão escrita da Editora. Direitos reservados.

Paulinas
Rua Dona Inácia Uchoa, 62
04110-020 – São Paulo – SP (Brasil)
Tel.: (11) 2125-3500
http://www.paulinas.com.br
editora@paulinas.com.br
Telemarketing e SAC: 0800-7010081
© Pia Sociedade Filhas de São Paulo – São Paulo, 2008

Introdução

Ultimamente, a catequese de iniciação ganhou luzes e continua desafiando a pastoral das paróquias e dioceses. O amadurecimento da fé de todo cristão se dá num processo que tem como eixo de sentido os três primeiros sacramentos: Batismo, Confirmação e Eucaristia. Esse processo constitui a base da vida cristã e define o papel do discípulo no mundo.

O desafio é superar a fragmentação da catequese de iniciação. Tal separação não gera a esperada participação eclesial. Com isso, grande número de batizados não chega a celebrar a Confirmação e a Eucaristia, nem a receber uma formação catequética integral.

Em continuidade à reflexão do movimento catequético no Brasil, o *Diretório nacional de catequese* (DNC)[1] retoma a tradição do catecumenato na Igreja como modelo de toda catequese. Essa pedagogia da fé acentua alguns elementos que poderão dar novo impulso à pastoral desses sacramentos, dentre os quais destacamos:

- compreender a mútua relação e unidade de sentido dos três sacramentos num processo adequado de maturação da fé;
- centralizar o processo no mistério pascal, raiz comum de todos os sacramentos;
- proporcionar maior experiência com os símbolos da fé na celebração em interação com o anúncio e a vivência da fé;
- perpassar toda a catequese com o anúncio querigmático da fé convicta e testemunhal em Jesus Cristo;

---

[1] Cf. CNBB. *Diretório nacional de catequese.* São Paulo, Paulinas, 2006 (Documentos da CNBB, n. 84).

- desenvolver o planejamento catequético de forma progressiva com crescente conversão de vida;
- preocupar-se com os batizados que não completaram a iniciação, o chamado catecumenato pós-batismal;
- promover maior envolvimento da comunidade e de seus agentes.

Esses elementos não são estranhos à nossa forma de fazer catequese e nem se trata de reinventar completamente a catequese, mas sim de encará-la com nova mentalidade, nova metodologia, seguindo adiante com a proposta inicial do documento *Catequese renovada*,[2] de forma mais ampla e orgânica.

Essa nova mentalidade não se confunde com o modelo pastoral de conversão preocupado em celebrar os sacramentos às pressas. Os sacramentos não podem ser colocados apenas como ponto de chegada, como simples conclusão de um caminho, sem que os candidatos descubram seu necessário aprofundamento em uma vida litúrgica que seja fonte e cume de suas ações na Igreja e no mundo.

A III Semana Latino-Americana de Catequese resumiu bem essa metodologia: "Uma prática litúrgico-catequética que respeite a unidade desses três sacramentos ajudará a superar a prática pastoral fragmentada e desarticulada, e a construir verdadeiros processos de iniciação cristã. A prática da unidade da iniciação cristã ajudará os fiéis a forjar sua identidade, e a comunidade eclesial a descobrir-se como comunidade de discípulos e missionários [...]; comporta uma mudança de paradigma que compromete a Igreja no acompanhamento de todo cristão, para que este último percorra o caminho completo de sua iniciação".[3]

O *Documento de Aparecida*, do CELAM, aposta nesse modo de fazer catequese e tem presente o novo modelo pastoral que surge do modelo catecumenal com conseqüências para a catequese com adultos e por etapas. Na pastoral atual, é algo novo aplicar

---

[2] Id. *Catequese renovada*; orientações e conteúdo. São Paulo, Paulinas, 1983 (Documentos CNBB n. 26).

[3] III SEMANA LATINO-AMERICANA DE CATEQUESE. Discípulos e missionários de Jesus Cristo. *Revista de Catequese*, ano 29, n. 114, abril/junho de 2006, p. 49.

a metodologia catecumenal, porque com o passar do tempo a unidade do processo da iniciação foi dissociada pela celebração separada de cada um dos três sacramentos, os quais acabaram ficando sem relação um com o outro. Chegou a hora de darmos um passo decisivo na catequese de iniciação, evitando a fragmentação e situando a celebração sacramental em um real processo de conversão e identificação com Cristo.

Este livro se destina aos catequistas e agentes de liturgia que queiram compreender de forma mais orgânica a iniciação cristã. Foi escrito para ser refletido e aprofundado nos encontros paroquiais e diocesanos de catequese e de liturgia.

Como anexo, transcrevemos o n. 64 da Exortação Apostólica *Sacramentum Caritatis*, do Papa Bento XVI, que trata com muita clareza do método da catequese mistagógica, tema muito próprio da última fase da iniciação cristã e que o *Diretório nacional de catequese* nos convida a desenvolver com maior amplitude.

A iniciação cristã
Características, desafios e finalidade

1º capítulo

A catequese no Brasil recebeu um forte sopro de renovação com o documento dos bispos aprovado em 1983: *Catequese renovada*. Com esse marco, a catequese deixa de ser doutrinação de perguntas e respostas e passa a ser um processo muito mais interativo da vida do catequizando, da realidade social com a Palavra de Deus, a chamada interação fé e vida.

O método ver-julgar-agir-celebrar ajudou a fazer essa leitura. Assim, a Bíblia passou a ser o melhor livro de catequese. A inserção do catequizando na vida da comunidade foi muito valorizada, e o processo catequético tornou-se um fator de unidade da Igreja.

Com a publicação do *Diretório nacional de catequese* em 2006 e do *Documento de Aparecida* em 2007, a catequese dá mais um passo em continuidade à trilha percorrida pela *Catequese renovada*. Sem perder nada do que já é característico em nossa forma de fazer catequese, esses documentos tratam da iniciação cristã (Batismo, Confirmação e Eucaristia) tomando como base o modelo do catecumenato e priorizando a catequese com adultos.

O *Documento de Aparecida* fala de uma nova mentalidade para enfrentarmos o desafio da iniciação cristã: "A própria palavra 'iniciação' contém em si uma noção de mudança. É a maneira de ingressarmos em uma etapa nova de vida, na qual deixamos a infantilidade, os limites que nos prendem a um determinado estado, para recriarmos um novo espaço, um novo tempo, com novas possibilidades de realização pessoal. A iniciação descortina um panorama inédito, outros horizontes. Ela permite a visão do que antes estava oculto. A pessoa que passa pela iniciação almejará novos objetivos e novas metas para sua vida.

Uma pessoa está iniciada no cristianismo quando faz a experiência com a Palavra anunciada, recebe os três sacramentos de iniciação e se dispõe a professar a fé na vida. As três etapas — Batismo, iniciação à Eucaristia e Crisma — cooperam para uma finalidade só: formar a identidade cristã, isto é, alcançar a maturidade em Cristo (cf. Ef 4,13)".[1]

A expressão "iniciação cristã" já denota um novo enfoque, porque evidencia a finalidade de todo o processo evangelizador e requer uma visão conjunta dos sacramentos. Portanto, não se trata de uma catequese periférica, mas sim de um discipulado.

A iniciação cristã arrasta consigo outro elemento que é tradicional na história da evangelização da Igreja: o catecumenato. Com este último, a catequese se reapropria de um método tradicional na Igreja que está bastante explicado no *Diretório nacional de catequese*, nn. 35-50, ao especificar o *Diretório geral para a catequese*: "O modelo de toda catequese é o catecumenato batismal, que é formação específica, mediante a qual o adulto convertido à fé é levado à confissão da fé batismal, durante a Vigília Pascal. Essa formação catecumenal deve inspirar as outras formas de catequese, nos seus objetivos e no seu dinamismo".[2]

As orientações atuais sobre a catequese requerem a integração da dimensão catecumenal em todo processo catequético como suporte indispensável para uma celebração que resulte em profunda transformação interior e leve ao compromisso de vivência do sacramento, sem reduzi-lo apenas ao momento ritual-social. Essas expressões significam que vamos dar mais um passo na catequese para responder ao desafio de formar discípulos e missionários para a sociedade de hoje, sem nos fiarmos comodamente na tradição herdada de famílias pretensamente cristãs.

---

[1] NÚCLEO DE CATEQUESE PAULINAS (NUCAP). *Testemunhas do Reino*; catecumenato crismal (Livro do Catequista). São Paulo, Paulinas, 2008. p. 12.

[2] CONGREGAÇÃO PARA O CLERO. *Diretório geral para a catequese*. 2. ed. São Paulo, Paulinas/Loyola, 1999. n. 59.

Iniciação[3]

Atualmente, as ciências que estudam as religiões valorizam e ampliam o conceito de iniciação porque ele enfoca a unicidade do processo em suas três fases – antes, durante e depois da celebração ritual –, como também assegura a meta a ser alcançada: a nova identidade, o novo lugar da pessoa na comunidade, o ser adulto.

O processo apresenta as seguintes características:

* preparação gradual com a revelação dos mistérios;
* adesão pessoal;
* passagem pela morte mística do iniciado;
* participação da comunidade;
* começo da vida nova na qual se destacam os novos papéis a serem desempenhados na sociedade;
* relevância da mediação dos iniciadores.

A iniciação produz uma passagem de um estado ao outro, de um estágio de vida a outro, de um modo de vida a outro. Está na origem de uma série de mudanças que permitem à pessoa ser introduzida na comunidade humana, num mundo de valores, com vistas a uma existência mais perfeita ou a uma missão. O recém-batizado é introduzido no mundo imaginário que o faz tomar consciência da própria existência.

O mesmo fenômeno, analisado no campo social, alarga sobremaneira a concepção da iniciação e comprova a extensão de seu alcance como processo de transmissão cultural, essencial para a perpetuação dos grupos e das sociedades. Podemos citar inúmeros exemplos em nossa sociedade, entre eles a iniciação dos(as) meninos(as) de rua nas *gangs* e tribos urbanas. Por caminhos insuspeitos e debaixo de outras linguagens, jovens e adultos são iniciados em estruturas e em maneiras de pensar que os levam a comportar-se de acordo com os interesses e valores dominantes. Podemos con-

---

[3] BRUSTOLIN, L. A.; LELO, A. F. *Caminho de fé*; itinerário de preparação para o Batismo de adultos e para a Confirmação e Eucaristia de adultos batizados. São Paulo, Paulinas, 2006. pp. 11-12.

siderar a iniciação à vida noturna, os costumes de época (moda, tecnologia de consumo), a linguagem da informática etc.

Em muitos casos, há pretensões de abordar as questões fundamentais da vida substituindo-as por bens de consumo. Para conseguir tal finalidade, a sociedade utiliza métodos e símbolos próprios. Daí, não é difícil compreender por que muitos cristãos, hoje em dia, não completam a iniciação cristã e entendem a fé apenas como uma maneira de estar bem na vida ou de conseguir suprir suas necessidades com a ajuda divina.

DESAFIO DE SER CRISTÃO

Em clima de cristandade,[4] a iniciação cristã era papel da família e da própria sociedade. A primeira adesão a Jesus Cristo era suposta, pois o contexto social já levava à prática cristã. A catequese, em geral para crianças, acentuava fortemente a dimensão doutrinal. Havia pouca preocupação missionária, pois os esforços concentravam-se mais em uma forma pastoral de conservação, de manutenção dos valores religiosos oficialmente proclamados na sociedade, do que propriamente em promover a evangelização.

Passamos por uma mudança de época:[5] espaço virtual, globalização, tecnologia e pesquisa. Há uma crise de sentido da vida que leva ao subjetivismo, e muitas vezes nos deixa perdidos diante da pluralidade de concepções e alternativas. A fé é posta à prova com a crise de valores: banalização da pessoa, corrupção, destruição do meio ambiente e o sucesso de conversões motivadas pela teologia da prosperidade, de corte utilitarista, que atribui os males ao tentador e acentua as vantagens que a pessoa de fé desfruta neste mundo. O impacto do pluralismo cultural e religioso

---

[4] Nome dado à estreita organização da sociedade unida à Igreja, na qual os poderes civil e religioso se fundiam e davam origem a uma concepção sagrada do Estado, o qual tinha sua religião oficial. Esse regime vigorou na Europa durante a Idade Média e serviu de modelo para os portugueses organizarem o Brasil-Colônia.

[5] CELAM. *Documento de Aparecida*; texto conclusivo da V Conferência Geral do Episcopado Latino-Americano e Caribenho. 13-31 de maio de 2007. São Paulo, Paulus/Paulinas/Edições CNBB, 2007. n. 44.

marca o fim da era de cristandade e põe em crise o paradigma tradicional da transmissão da fé.

O pluralismo religioso questiona o ser humano em suas escolhas mais profundas, por isso requer convicção e discernimento de opção religiosa. Hoje, mais do que batizar por tradição familiar, o indivíduo é intensamente estimulado a construir sua própria identidade. Um dos grandes ideais modernos é a realização pessoal. Portanto, melhor que confiar no ideal de uma sociedade cristã, vamos estabelecer processos de amadurecimento da fé nos quais o cristão adquira convicções e estabeleça valores que orientem sua existência.

Urge anunciar Jesus Cristo liberto dos fundamentalismos que tentam aprisioná-lo como um milagreiro. Muitos buscam uma Igreja como a casa dos milagres, uma igreja de resultados que gire em torno de si mesma, que atenda perifericamente os pedidos, sem as preocupações do Reino.

Uma iniciação cristã que traduza o ser cristão em atitudes de vida nos leva a um horizonte bem distante daquele traçado pela atual teologia da prosperidade, a qual atribui os males ao tentador e acentua as vantagens que a pessoa de fé desfruta: sucesso nos negócios, êxito nas relações amorosas, cura milagrosa de doenças e conforto espiritual. A iniciação cristã, particularmente na periferia das grandes cidades, enfrentará o desafio de confrontar-se com o posicionamento radical de uma fé de corte utilitarista. A CNBB nos alerta que "esses caminhos não levam ao encontro com Jesus Cristo. Geram cristãos e cristãs marcados pelo egoísmo e não pelo amadurecimento na fé".[6]

Sabemos que conhecer o ensinamento e a pessoa de Jesus com a finalidade de o seguirmos em nossa vida é maior do que assumir somente uma postura de pedir favores e esperar uma graça para viver bem agora. A cruz de Cristo com suas exigências acaba esquecida. Já o anúncio catequético não poderá desconsiderar essa visão, mas deverá contemplar a dimensão subjetiva dos catequizandos, bem como suas necessidades mais imediatas.

---

[6] CNBB. *Diretrizes gerais da ação evangelizadora da Igreja no Brasil. 2008-2010*. São Paulo, Paulinas, 2008, n. 108. (Documentos da CNBB, n. 87).

O sucesso de conversões rápidas que desencadeiam uma participação mais numerosa, às vezes barulhenta, não significa, necessariamente, uma evangelização consistente. Em alguns lugares, chegam a dizer que vale mais uma aceitação rápida, após uma catequese superficial para o Batismo, do que um processo demorado. O catecumenato vai na contramão dessas motivações. O traço mais potente de sua pedagogia é a progressividade ritmada pelas celebrações de passagem, após percorrer cada etapa planejada. Esse processo culmina no sacramento e se prolonga na mistagogia como treinamento de vida comum dado pela experiência dos sacramentos celebrados.

Anima-nos verificar que alguns regionais da CNBB, como o Leste 1 — estado do Rio de Janeiro, partiram decididamente para esse modelo pastoral. Algumas dioceses, impulsionadas pelo *Diretório nacional da catequese*, aprofundam o tema catecumenal em suas assembléias diocesanas e daí sentem a necessidade de direcionar a pastoral rumo ao catecumenato de adultos, especialmente o pós-batismal.

Finalidade da iniciação

A iniciação cristã tem como objetivo ajudar a pessoa a tornar-se cristã, participante consciente do mistério pascal e da comunidade eclesial; viver a dinâmica da união com Cristo, buscando assemelhar-se a ele; e levar a uma experiência de fé ligada à vida, num processo contínuo de conversão.

O tema da iniciação leva-nos a pensar o cristão plenamente identificado com sua fé, como alguém maduro que descobriu a pérola preciosa do Reino. Retomar pastoralmente o conceito de iniciação nos devolve a consciência da unidade que há entre catequese de preparação, Batismo de crianças, Confirmação, Eucaristia e vivência da fé. Afinal, a vida do cristão é uma no seguimento e configuração em Cristo. Todas essas etapas conjuntamente, e não cada uma isoladamente, produzem a identidade do cristão como ser incorporado em Cristo e participante de sua missão no mundo.

A iniciação cristã tem como finalidade gerar essa identidade a partir de um caminho progressivo: "Eu vivo, mas não eu: é Cristo que vive em mim" (Gl 2,20). A iniciação marca os fundamentos de toda a vida como seguimento de Cristo; equivale a um projeto de vida e um modo de ver e se posicionar no mundo segundo o projeto de Jesus Cristo. O iniciado na fé assumirá os valores evangélicos com convicção e manifestará sua adesão pessoal de que vale a pena ser cristão na sociedade hoje.

A unidade do processo sacramental buscada antes, durante e depois da celebração nos leva a indagar sobre que tipo de cristãos se visa promover. Trata-se de um perfil bastante comprometido com a prática de Jesus Cristo e ligado às propostas do Reino. Em vários documentos da CNBB podemos colher os traços que caracterizam a identidade do iniciado na fé cristã.

"O discípulo é alguém chamado por Jesus Cristo para com ele conviver, participar de sua vida, unir-se à sua pessoa e aderir à sua missão, colaborando com ela. Entrega, assim, sua liberdade a Jesus, Caminho, Verdade e Vida; assume o 'estilo de vida do próprio Jesus', a saber, um amor incondicional, solidário, acolhedor até a doação da própria vida; e compartilha do destino do Mestre de Nazaré [...]; colabora no anúncio e na realização do Reino de Deus na história humana."[7]

Por isso, "o cristão se identifica com aquele que é o 'bom samaritano', que socorre [...] toda vítima inocente do mal do mundo, sem se perguntar sobre a raça ou a religião dele. Ele cura inúmeras pessoas [...], traz uma palavra de esperança aos pobres e reparte o pão com eles [...], acolhe e perdoa os pecadores. Ele é misericordioso. Estende a mão para levantar o caído, acolhe com abraço o que volta arrependido e vai ao encontro do afastado. Devolve o ser humano às suas tarefas, às suas responsabilidades e à sua dignidade".[8]

Vida nova

A que podemos comparar a profundidade que a experiência da iniciação cristã proporciona? Talvez este relato de uma catequista sobre seu marido que andava numa direção destrutiva de si mesmo e encontrou o caminho da superação e uma outra

---

[7] Ibid., n. 57.

[8] Id. *Evangelização da juventude*; desafios e perspectivas pastorais. São Paulo, Paulinas, 2007. n. 85 (Documentos da CNBB, n. 85).

maneira de se posicionar na vida nos ajude a perceber o grau de transformação pessoal que deve gerar todo esse processo.

"Meu marido, que sempre foi um homem cumpridor dos seus deveres como esposo, pai e cidadão, um dia começou a ingerir bebida alcoólica. A situação foi se agravando e os outros problemas aparecendo: passar a noite fora de casa, mulheres, farras... Chegou ao ponto de até mesmo os parentes não o reconhecerem. Eu, que acredito no projeto salvífico de Jesus, não poderia jamais esmorecer. Caí algumas vezes, mas a certeza de que Deus estava conosco me levantava. Assim, passaram-se doze anos. Muita coisa material foi perdida, como carros, casas, empresas e muito mais. Mas eu não poderia nunca perder a fé. Era nos momentos mais difíceis que eu acreditava que Jesus estava conosco e iria nos libertar. E foi num destes momentos que pedi a um amigo que lhe fizesse uma visita. Este amigo é membro do AA — Alcoólicos Anônimos. Naquele dia Jesus entrou plenamente na vida do meu marido. Ele recebeu um padrinho que o acompanhava por meio de telefone, de visitas com palavras incentivadoras e muito mais.

No grupo do AA, o reconhecimento à ação de Deus é muito grande. Eles se amam verdadeiramente. Sofrem quando alguém tem recaída, amparam, não cobram nada, não fazem críticas destrutivas e todos formam um só corpo verdadeiramente em Cristo Jesus.

O que vejo hoje? Um homem novo completamente renascido em Jesus Cristo, assumindo o compromisso de salvar outros irmãos e trabalhando duro para se libertar cada vez mais de outros hábitos, como perder tempo em frente à televisão... A convivência com a família voltou a ser como era antes ou até melhor, dando mais assistência ao trabalho, a si mesmo e aos outros" (Evandra, Tailândia, PA).

R E S U M O

O *Diretório nacional de catequese* e o *Documento de Aparecida* tratam da iniciação cristã tomando como base o modelo do catecumenato e prioriza a catequese com os adultos.

A finalidade de toda *iniciação religiosa* é produzir a nova identidade para viver numa condição diferente daquela anterior, a vida nova.

O termo *iniciação cristã* requer uma visão conjunta dos três sacramentos em um processo evangelizador (o catecumenato).

O processo missionário e evangelizador se faz necessário porque não vivemos numa sociedade de cristandade. Passamos por uma mudança de época, enfrentamos o subjetivismo, o pluralismo religioso e a teologia da prosperidade.

A iniciação cristã tem como finalidade gerar a identidade a partir de um caminho a ser percorrido no qual esta vai sendo alcançada progressivamente.

O iniciado na fé assume os valores evangélicos com convicção e manifesta sua adesão pessoal de que vale a pena ser cristão na sociedade hoje.

TRABALHO EM GRUPO

Aponte as principais características da catequese renovada.

Por que hoje se volta a falar de iniciação cristã?

Qual é a finalidade da iniciação cristã?

O *Ritual de iniciação cristã de adultos*
Estrutura e pedagogia da fé

2º capítulo

O itinerário de iniciação mais antigo da Igreja, que remonta aos primeiros séculos do cristianismo, é o catecumenato. "Catecumenato" é uma palavra de origem grega que quer dizer "lugar onde ressoa alguma mensagem". Esse caminho de amadurecimento da fé percorrido nos primórdios da Igreja era exemplar. Constituía um processo único e dispunha de uma metodologia com interação entre catequese, celebração e vivência da fé.

A metodologia que os cristãos das primeiras gerações seguiram para acolher os adultos que queriam ser iniciados tornou-se modelo para todas as gerações, inclusive para as de hoje. Infelizmente, ainda seccionamos o caminho em três etapas separadas de acordo com a idade. Na Igreja dos primeiros cinco séculos, o chamado catecumenato era um período de dois anos que os adultos percorriam antes da celebração dos três sacramentos conjuntamente na Vigília Pascal. Depois as catequeses se prolongavam nos domingos do Tempo Pascal.

Nesse caminho, três elementos se uniam com muita força: o anúncio da fé em Cristo (o estudo da Palavra de Deus, do Creio, do Pai-nosso), mais as celebrações litúrgicas (bênçãos, exorcismos e outras) e a conversão contínua, para o catecúmeno levar a fé cada vez mais a sério na vida diária. Aquilo que meditava na Palavra ou compreendia como verdade do Creio, ou os compromissos de vivência que nasciam da oração do Pai-nosso ou das bem-aventuranças, não era diferente dos gestos e símbolos celebrados na liturgia. Catequese e liturgia estavam unidas. "Considerada como parte da iniciação cristã (cf. *Ad Gentes*, n. 14; RICA, n. 19), a catequese não é uma supérflua introdução na fé, um verniz ou um cursinho de admissão à Igreja. É um processo exigente, um itinerário prolongado de preparação e compreensão vital, de acolhimento dos grandes segredos da fé (mistérios), da vida nova revelada em Cristo Jesus e celebrada na liturgia."[1] O atual estágio de reflexão sobre o catecumenato nos convida a ser criativos para estabelecer itinerários de fé.[2]

RITUAL DE INICIAÇÃO CRISTÃ DE ADULTOS (RICA)

O caráter catecumenal a que os últimos documentos tanto se referem tomam como referência principal o *Ritual de iniciação cristã de adultos* (RICA), publicado em 1972. Esse ritual restaurou o catecumenato com sua peculiar e tradicional pedagogia de amadurecimento da fé e reestabeleceu a unidade dos três primeiros sacramentos. O RICA se destina aos adultos, mas toda a catequese, em suas várias idades, é chamada a inspirar-se nele. Ele constitui uma autêntica virada na práxis catequética e sacramental, ponto de referência e instrumento privilegiado das experiências catecumenais nos diversos países do mundo.

O RICA apresenta a ritualidade completa da iniciação cristã no extenso primeiro capítulo como o modo habitual de iniciar um adulto. As demais situações deverão ser tratadas com base nesse itinerário. Tal modelo de catequese é bem diferente daquele de querer batizar ou crismar, ou levar os catequizandos à mesa eucarística após alguns rápidos encontros, principalmente se forem adultos.

---

[1] CNBB. *Diretório nacional de catequese*. São Paulo, Paulinas, 2006, n. 37 (Documentos da CNBB, n. 84).

[2] A obra do Irmão Nery *Catequese com adultos e catecumenato; história e proposta* (São Paulo, Paulus, 2001) aproxima a história da Igreja da América Latina e o contexto eclesial brasileiro do catecumenato para nossa realidade. Na mesma linha, em *A iniciação cristã; catecumenato, dinâmica sacramental e testemunho* (São Paulo, Paulinas, 2005), fiz um estudo sobre o *Ritual de iniciação cristã de adultos* (RICA), em suas três vertentes: fase preparatória, unidade sacramental e mistagogia, para encontrar alguns parâmetros para a inculturação do estilo catecumenal em nossa Igreja.

Metodologia catecumenal[3]

O catecumenato é tomado não como uma escola, mas sim como uma iniciação de discípulos que descobrem um caminho. Por isso contempla o primeiro anúncio. A formação catecumenal, mais do que como doutrinação, é enfocada como discipulado, cuja característica principal consiste em adquirir um modo de ser e de viver consoante ao de Jesus. É preciso escutá-lo, viver em comunidade e cumprir o mandamento fundamental: amar a Deus e ao próximo. Escutar Cristo significa, primordialmente, compreender o Evangelho e acolhê-lo na fé, confiando em sua sabedoria e aderindo a ele inteiramente.

Conforme o RICA, n. 19: "O catecumenato é um espaço de tempo em que os candidatos recebem formação e exercitam-se praticamente na vida cristã. Desse modo, adquirem madureza as disposições que manifestaram pelo ingresso". Assim, alcança-se a maturidade nessa fase preparatória. Os catecúmenos devem aprender a "praticar a caridade para com o próximo até a renúncia de si mesmos". Esse exercício supõe, em muitos momentos, morrer para si mesmos para passar com Cristo a uma condição nova.

O RICA, herdeiro da reflexão do Concílio Vaticano II, segundo o decreto *Ad Gentes*, n. 14, assume a iniciação como um itinerário de fé que começa no catecumenato e culmina na participação do mistério celebrado nos sacramentos da Vigília Pascal.

O método catecumenal proporciona a formação integral a partir da interação catequese-liturgia-conversão dos costumes, ou seja, o aprofundamento da reflexão da Palavra com a celebração do mistério durante o ano litúrgico e com a conversão de vida. Os catecúmenos alcançam a maturidade cristã, chegam à íntima percepção do mistério da salvação por meio de uma metodologia que combina três componentes fundamentais e proporciona-lhes serem iniciados/introduzidos:

* *Uma catequese apropriada*, disposta em etapas, relacionada com o ano litúrgico e apoiada nas celebrações da Palavra,

---

[3] BRUSTOLIN, L. A.; LELO, A. F. *Caminho de fé*; itinerário de preparação para o Batismo de adultos e para a Confirmação e Eucaristia de adultos batizados. São Paulo, Paulinas, 2006. pp. 14-16.

faz com que os catecúmenos cheguem à íntima percepção do mistério da salvação.

- *As disposições interiores* manifestadas durante o catecumenato fazem com que os candidatos adquiram a maturidade espiritual. Graças aos ritos litúrgicos, purificam-se pouco a pouco e conservam-se pelas bênçãos divinas. Esse itinerário supõe um processo pedagógico de conversão que deve aumentar sua vivência de fé, esperança e caridade, como resultado da ação do Espírito dispensado pelos ritos sagrados.

- *A relação entre anúncio do mistério, ação celebrativa e vida* ressalta a unidade que se dá entre celebração da fé e vivência cristã. A mesma graça dada na celebração prossegue na vida. Ela irá praticar na vida aquilo que experimentou com a razão e consentiu na oração. Portanto, deve anunciar aos outros (testemunhar) sua nova maneira de ser.[4]

O RICA valoriza a livre resposta de fé progressivamente amadurecida e simbolizada nos ritos catecumenais, considerando-a sempre orientada à recepção dos frutos na plenitude da celebração sacramental. Esses elementos, tomados em conjunto, promovem a iniciação do cristão na comunidade eclesial já no tempo do catecumenato.

O dinamismo da vivência da fé, do amor e da esperança, sustentado e animado pela formação integral, permitirá uma comunhão cada vez maior com o mistério pascal, ou seja, uma participação efetiva na Páscoa de Cristo que prepara e antecipa a conformação em Cristo. Essa comunhão na fé desenvolvida no tempo catecumenal ativa a passagem do velho para o novo ser humano.[5]

Estrutura do RICA

O RICA insiste em que a iniciação cristã seja realizada de forma progressiva, com ritos que marcam a passagem de uma etapa a outra. Apresenta a melhor interação da unidade que há entre catequese e liturgia. Como o processo da iniciação está

---

[4] Cf. RICA, nn. 19.98.

[5] Cf. nn. 19.2.

integralmente centrado na Páscoa, o RICA destaca o Tempo da Quaresma, o Tempo Pascal e a participação na Eucaristia dominical da comunidade.

Normalmente, acabamos chamando de catecumenato todo o processo de iniciação cristã. Mas isso não é o correto. Catecumenato é somente uma das fases de preparação que o candidato percorre antes de receber os sacramentos. O caminho completo proposto pelo RICA contempla:

- três tempos de preparação: pré-catecumenato, catecumenato e purificação;
- duas celebrações de passagem: entrada no catecumenato e inscrição do nome;
- celebração conjunta do Batismo, Confirmação e Eucaristia;
- tempo da mistagogia.

Etapas	Pré-catecumenato		Catecumenato		Purificação		Mistagogia
Duração	Ilimitada	Entrada, recepção ou admissão no catecumenato	Um ou mais anos	Eleição, inscrição do nome	Quaresma	Celebração dos sacramentos: Vigília Pascal	Tempo Pascal
Conteúdos	Anúncio evangélico		Catequese íntegra e graduada		Preparação imediata		Catequese sacramental e litúrgica
Finalidade	Despertar a fé e a conversão		Aprofundar a fé		Amadurecer as decisões		Integrar-se na comunidade
Celebrações	Encontros		Celebrações da Palavra. Exorcismos menores. Bênçãos		3 escrutínios Entrega do Símbolo e do Pai nosso		Eucaristias comunitárias. Aniversário do Batismo
Funções	Acolhida		Conversão		Iluminação		Contemplação
Categoria	Pré-catecúmenos ou simpatizantes ou interessados		Catecúmenos ou ouvintes		Eleitos ou competentes		Neófitos

Pré-catecumenato

Nessa primeira etapa, acontece o primeiro anúncio ou querigma.[6] Esse é o primeiro contato que aquele que pede a fé tem

---

[6] Cf. CELAM. *Documento de Aparecida*; texto conclusivo da V Conferência Geral do Episcopado Latino-Americano e Caribenho. 13-31 de maio de 2007. São Paulo, Paulus/Paulinas/

com a comunidade cristã. Nesse período se apresenta o primeiro anúncio vigoroso da pessoa de Jesus Cristo, do Reino, da Igreja e da salvação. O centro do anúncio é a morte e a ressurreição de Jesus Cristo como acontecimento salvífico atual.

Literalmente, "querigma" significa "proclamação". Sua finalidade é suscitar a fé em Jesus de Nazaré enquanto Messias e Filho de Deus, de forma que tal aceitação se atualize em salvação para o crente, isto é, em vida eterna (cf. Jo 20,31).

Essa fase do pré-catecumenato distingue-se, essencialmente, pela *acolhida* dos que desejam ser cristãos e ingressar na comunidade dos fiéis, que é uma experiência viva da presença do Espírito e de comunhão no amor de Deus Pai, Filho e Espírito Santo.[7]

Celebração da entrada

Com a assinalação da cruz e a entrega da Bíblia, dá-se início ao tempo do catecumenato. Os candidatos, reunindo-se publicamente pela primeira vez, manifestam suas intenções à Igreja enquanto esta acolhe os que pretendem se tornar seus membros (cf. RICA, n. 14). A Igreja os cerca de amor e proteção (cf. RICA, n. 18). Trata-se da primeira etapa litúrgico-celebrativa da iniciação cristã.

Quem preside: *A vida eterna consiste em conhecermos o verdadeiro Deus e Jesus Cristo, que ele enviou. Ressuscitando dos mortos, Jesus foi constituído, por Deus, Senhor da vida e de todas as coisas, visíveis e invisíveis. Se vocês querem ser discípulos seus e membros da Igreja, é preciso que vocês sejam instruídos em toda a verdade revelada por ele; que aprendam a ter os mesmos sentimentos de Jesus Cristo e procurem viver segundo os preceitos do Evangelho; e, portanto, que vocês amem o Senhor Deus e o próximo como Cristo nos mandou fazer, dando-nos o exemplo. Cada um de vocês está de acordo com tudo isso?*

Candidatos: *Estou* (RICA, n. 76).

Edições CNBB, 2007. nn. 278a.279.289.293; CNBB, *Diretório nacional de catequese*, nn. 30-31.

[7] Cf. RODRIGUES, S. A. *Liturgia e catequese*. São Paulo, Paulinas (*em preparação*).

Catecumenato

No tempo do *catecumenato* ocorrem as catequeses sobre a história da salvação e do Creio, com a entrega do Creio e do Pai-nosso. É importante participar das celebrações da Palavra no domingo e receber as bênçãos e as orações de libertação do mal. "A formação propriamente catecumenal, conforme a mais antiga tradição, realiza-se através da narração das experiências de Deus, particularmente da História da Salvação mediante a *catequese bíblica*. A preparação imediata ao Batismo é feita por meio da *catequese doutrinal*, que explica o *Símbolo Apostólico* e o *Pai-Nosso*, com suas implicações morais. Esse processo é acompanhado de ritos e escrutínios. A etapa que vem depois dos sacramentos de iniciação, mediante a *catequese mistagógica*, ajuda os neobatizados a impregnar-se dos sacramentos e a incorporar-se na comunidade."[8]

É uma catequese ligada à celebração da Palavra, que sabe mover-se por meio de sinais litúrgicos ou referir-se a eles com dados de experiência e com as estruturas portadoras de uma fé vivida na comunidade. Pela catequese, disposta em etapas, relacionada com o ano litúrgico e apoiada nas celebrações da Palavra, os catecúmenos chegam à íntima percepção do mistério da salvação.

Os ritos próprios desse tempo expressam o encorajamento da Igreja, na luta que os catecúmenos empreendem para superar as próprias limitações e as armadilhas do mal, já que não possuem, ainda, a graça dos sacramentos.

"Os sacramentos ou mistérios, que são proclamados nas orações do rito do catecumenato, culminam e encarnam todo o sentido do progresso no caminho catecumenal e a eles são aplicados diversos qualificativos que mostram a realidade que formará a nova identidade do neobatizado".[9]

O tempo do catecumenato é marcado pela catequese e por uma dimensão celebrativa mais intensa nos encontros, que incluem celebração da Palavra, exorcismos menores, bênçãos e, caso seja realizado neste tempo, o rito da unção. Dessa forma, a

---

[8] CNBB, *Diretório nacional de catequese*, n. 47.

[9] LELO, A. F. *A iniciação cristã*; catecumenato, dinâmica sacramental e testemunho. São Paulo, Paulinas, 2005. p. 69.

liturgia e a catequese são duas formas privilegiadas de edificação da comunidade cristã.

Exorcismo menor

A assembléia ora em silêncio; **quem preside** impõe as mãos sobre cada catecúmeno e depois diz a oração:

Deus todo-poderoso e eterno, que nos prometestes o Espírito Santo por meio do vosso Filho Unigênito, atendei a oração que vos dirigimos por estes catecúmenos que em vós confiam e por estes que querem seguir vosso Filho mais de perto. Afastai deles todo o espírito do mal, todo o erro e todo pecado, para que possam tornar-se e viver como verdadeiros templos do Espírito Santo. Fazei que a palavra que procede da nossa fé não seja dita em vão, mas confirmai-a com aquele poder e graça com que o vosso Filho Unigênito libertou do mal este mundo. Por Cristo, nosso Senhor.

Todos: *Amém* (RICA, n. 113).

Celebração da inscrição do nome

No primeiro domingo da Quaresma, os catecúmenos considerados maduros para aproximar-se dos *sacramentos da iniciação* se inscrevem para receber os sacramentos na Vigília Pascal daquele ano.

Chama-se "eleição" porque a admissão, feita pela Igreja, se baseia na eleição de Deus, em cujo nome ela se realiza; chama-se também "inscrição dos nomes", pois os nomes dos futuros batizados são inscritos no *livro dos eleitos*. Para serem eleitos, requerem-se deles a fé esclarecida e a vontade deliberada de receber os sacramentos da Igreja (cf. RICA, nn. 21-24.133-142).

Após a homilia, **a pessoa encarregada da iniciação** [...] apresenta os que vão ser eleitos, com estas palavras ou outras semelhantes:

Padre N., aproximando-se as solenidades pascais, os cate-cúmenos e os crismandos aqui presentes, confiantes na graça divina e ajudados pela oração e exemplo da comunidade, pedem humildemente que, depois da preparação necessária e da celebra-

ção dos escrutínios, lhes seja permitido participar da celebração dos sacramentos.

Quem preside exorta e interroga os candidatos com estas palavras ou outras semelhantes:

Agora me dirijo a vocês, prezados catecúmenos e crismandos. Seus padrinhos e catequistas e muitos da comunidade deram testemunho favorável a respeito de vocês. Confiando em seu parecer, a Igreja, em nome de Cristo, chama vocês para os sacramentos pascais. Vocês, tendo ouvido a voz de Cristo, devem agora responder-lhe perante a Igreja, manifestando a sua intenção. Catecúmenos e crismandos, vocês querem receber os sacramentos na próxima Vigília Pascal?

Os candidatos: *Queremos* (RICA, nn. 143.146).

Tempo da purificação

Transcorre durante a Quaresma. No 3º, 4º e 5º domingos, utilizando as leituras do ciclo A, acontecem os escrutínios — orações de caráter exorcístico, purificador — sobre os eleitos. Os eleitos vão conhecendo gradualmente o mistério do pecado, do qual todo o universo e cada homem em particular anseiam redimir-se e ver-se livre de suas conseqüências atuais e futuras. Além disso, seus corações se vão impregnando progressivamente do mistério de Cristo por meio da água viva do Espírito, com a passagem da samaritana (cf. Jo 4,5-42); da luz da fé que faz enxergar o Messias, com o milagre do cego de nascença (cf. Jo 9,1-41); e da vida eterna, com a ressurreição de Lázaro (cf. Jo 11,1-45). É tempo de oração mais intensa.

Com as *entregas*,[10] "uma vez completada a preparação doutrinal dos catecúmenos, ou, pelo menos, começada no tempo oportuno, a Igreja lhes repassa com amor os documentos que desde a antigüidade constituem o compêndio de sua fé e de sua oração" (RICA, n. 181).

---

[10] Rito que, durante o catecumenato, traduzia o gesto da entrega do Creio e do Pai-nosso por parte da Igreja aos eleitos. Estes últimos, por sua vez, "devolviam" à comunidade essa mensagem recebida em forma de vivência cristã, práticas evangélicas assimiladas em sua própria maneira de ser.

Oração do segundo escrutínio
(sobre o Evangelho do cego de nascença)

Depois das preces, de mãos unidas e voltado para os eleitos, **quem preside** diz:

Oremos. Pai de bondade, que destes ao cego de nascença a graça de crer em vosso Filho e de alcançar pela fé o vosso reino de luz, libertai estes eleitos dos erros que cegam e concedei-lhes, de olhos fixos na verdade, tornarem-se para sempre filhos da luz. Por Cristo, nosso Senhor.

Todos: *Amém.*

Se puder fazê-lo comodamente, **quem preside**, em silêncio, imporá a mão sobre cada eleito. Com as mãos estendidas sobre eles, continua:

Senhor Jesus, luz verdadeira, que iluminais toda a humanidade, libertai, pelo Espírito da verdade, os que se encontram oprimidos pelo pai da mentira, e despertai a boa vontade dos que chamastes aos vossos sacramentos, para que, na alegria da vossa luz, tornem-se, como o cego outrora iluminado, audazes testemunhas da fé. Vós que viveis e reinais para sempre.

Todos: *Amém* (RICA, n. 171).

Celebração dos sacramentos

A *Vigília Pascal* é o ápice de todo o processo, porque os eleitos são configurados em Cristo por meio dos três sacramentos pascais. Nossa vida inteira é um contínuo morrer e ressuscitar em Cristo.

Mistagogia

Mistagogia significa "ser introduzido no mistério", no plano salvífico de Deus de salvar o mundo em Cristo (cf. Ef 1,3-13). O Tempo Pascal é o tempo da mistagogia. Tempo próprio de os recém-batizados aprofundarem a experiência proporcionada pelos sacramentos, e, assim, tomarem parte no mistério de Cristo.

Durante esse tempo, os neófitos, ajudados pela comunidade dos fiéis, e através da meditação do Evangelho, da catequese, da experiência sacramental freqüente e do exercício da caridade, aprofundam os mistérios celebrados, consolidam a prática da fé cristã e se exercitam nas práticas de sua incorporação à comunidade.[11]

"O caminho de formação do cristão, na tradição mais antiga da Igreja, 'teve sempre caráter de experiência, na qual era determinante o encontro vivo e persuasivo com Cristo, anunciado por autênticas testemunhas'. Trata-se de uma experiência que introduz o cristão numa profunda e feliz celebração dos sacramentos, com toda a riqueza de seus sinais. Desse modo, a vida vem se transformando progressivamente pelos santos mistérios que se celebram, capacitando o cristão a transformar o mundo" (*Documento de Aparecida*, n. 290).

Progressividade

Para ser um cristão, de fato, a iniciação demanda tempo de preparação e requer um processo complexo, no qual, em resposta à graça de Deus, o candidato deve pôr em ação seu coração, sua inteligência e sua maneira de viver. Esse processo ocorre devido ao discipulado, à intervenção da graça própria das celebrações de passagem, dos ritos catecumenais e do tempo da iluminação. Estes irão moldando o coração do cristão e solicitando a resposta aos apelos da Palavra. Igualmente, a convivência comunitária influenciará seu crescimento e o estimulará a testemunhar as boas obras.

O critério da progressividade orienta e organiza as orações e os ritos preparatórios, bem como fundamenta a qualidade do processo educativo. Durante esse tempo, a iniciativa humana será transformada pela graça de Deus e, pouco a pouco, o candidato é introduzido na Igreja, corpo de Cristo. Segue a direção do menor compromisso ao maior empenho, da escuta da Palavra e da mudança de costumes e prática de boas obras.

---

[11] Cf. RICA, nn. 37-40; RICA, nn. 29-30 (A Iniciação Cristã, Observações preliminares gerais).

Recomendam-se celebrações que marquem o cumprimento de algumas etapas no itinerário catequético e assinalem a passagem de um grau a outro (início da preparação, com a entrega da Palavra e da cruz; entrega do Pai-nosso e do Creio; inscrição do nome no início da Quaresma e da Penitência).

Catequese bíblica

A catequese será disposta em etapas, relacionada com o Ano Litúrgico e apoiada na liturgia da Palavra dos domingos; saberá dinamizar-se por sinais litúrgicos ou referir-se a eles como dados de experiência e como estruturas portadoras de uma fé vivida na comunidade.

No Brasil, temos a tradição de "unir o livro da vida com o livro da Bíblia", segundo a feliz expressão do biblista Carlos Mesters. Estamos acostumados, com certa naturalidade, a saber ler a Palavra em nossa vida a partir dos fatos cotidianos e a encontrar nela a esperança no sofrimento, o otimismo diante dos fracassos e a resistência na luta.

A catequese, bem como a liturgia celebrada, deve ser um *forte anúncio da continuidade histórico-salvífica*, ou seja, precisa compreender o atual momento histórico dentro da dinâmica de salvação-libertação que começou desde o início da Criação, culminou na pessoa de Jesus Cristo e continua antecipando a plenitude, que acontecerá na eternidade.

Esse modo de ler a Palavra nos permite entender que é o próprio Cristo e o seu Espírito que agem em todos os tempos. Nossa história, à luz da graça e da manifestação deles, torna-se história de salvação em continuidade àquela dos patriarcas e profetas do Primeiro Testamento. Por isso a Igreja afirma que "quando se proclamam as Escrituras na celebração é o mesmo Cristo quem as lê"[12] e é ele mesmo que confere a força transformadora à Palavra.

---

[12] CONCÍLIO VATICANO II. Constituição *Sacrosanctum Concilium* (sobre a sagrada liturgia). 8. ed. São Paulo, Paulinas, 2007. n. 7.

Centralidade pascal

Todo o processo está centrado na Páscoa de Cristo. Busca-se a configuração em Cristo, imagem perfeita do Pai, através dos sacramentos pascais. A iniciação é compreendida como identificação existencial da pessoa na Páscoa de Cristo. Ao centralizar as catequeses ao redor do Tríduo Pascal, incluindo tanto sua fase de preparação (Quaresma) quanto sua fase posterior (Tempo Pascal), ressalta-se a inserção ou configuração pascal como meta de todo o processo iniciatório.

Solicita-se o *acompanhamento do ano litúrgico* centrado na Vigília Pascal, que valoriza a participação continuada na Eucaristia dominical, como meio habitual de assumir a Páscoa de Cristo na entrega da própria vida.

Aspecto comunitário

O processo catecumenal envolvia toda a comunidade, pois entravam em ação: os padrinhos, os chamados introdutores (aqueles que apresentavam o candidato à comunidade), o bispo, os diáconos e os presbíteros (padres). A comunidade se sentia muito responsável por aqueles que dali em diante fariam parte dela. Por isso, a Igreja é chamada de Mãe, porque gera os novos filhos para Deus.

A comunidade vai introduzindo o catecúmeno *gradualmente nas celebrações, símbolos, gestos* e *tempos da atividade litúrgica.* Igualmente vai suscitando sua atividade evangelizadora, que consiste em anunciar aquilo que se crê e que se vive (cf. At 4,31). Compromete-se a dar-lhe apoio em sua vida de fé, a iluminá-lo em seu itinerário espiritual com a *catequese*, a inseri-lo no seio de uma assembléia viva por meio da *liturgia* e a estimulá-lo ao *compromisso* em seu próprio ambiente. Esses serviços constituem a base do ministério catecumenal.[13]

---

[13] Cf. FLORISTÁN, C. *Catecumenato*; história e pastoral da iniciação, Petrópolis, Vozes, 1998. p. 184.

A comunidade é chamada a *renovar a graça batismal,* como também cuida em primeiro lugar de preparar o catequista e de tornar disponíveis os meios necessários para a catequese.

Catecumenato na paróquia

Um dia uma criança me parou
Olhou-me nos meus olhos a sorrir
Caneta e papel na sua mão
Tarefa escolar para cumprir
E perguntou no meio de um sorriso
O que é preciso para ser feliz?[14]

"Assim como na canção do Padre Zezinho, muitas crianças, adolescentes, jovens e adultos abordam a nós, catequistas, sedentos pelo amadurecimento do seu ser cristão. Angustiados com o modo de como falar com Deus, de seguir os seus ensinamentos e ter atendidos os seus pedidos, muitos ainda pensam que o processo de Iniciação Cristã seja algo a ser cumprido e afirmado com a entrega de um certificado.

Trabalho na Paróquia Bom Jesus da Paradinha, na cidade de Franco da Rocha, SP, Diocese de Bragança Paulista, coordeno a catequese paroquial e há três anos dedico especial atenção à Iniciação Cristã de Adultos, o que muito me agrada. A cidade se situa na região da Grande São Paulo, numa realidade bastante urbana, e nossos jovens e adultos apresentam uma dinâmica de vida igualmente diversificada. Os encontros de catequese, por conseqüência, são planejados e vivenciados a partir da realidade vivida e anunciada nos meios de comunicação, encontrando neles elementos que revelam a fé que se afirma na própria ressignificação da vida.

Aqueles e aquelas, ao se achegarem à catequese, apresentam muitos tipos de motivações, que exigem considerações consistentes e reveladoras que garantam o Cristo vivo e presente nas mais diversas situações.

---

[14] Pe. Zezinho. *Amar como Jesus amou.* CD Os melhores momentos, COMEP.

São pessoas que vêm à catequese para serem batizadas, "fazerem a primeira comunhão" e, quando muito, reconhecem a importância da Crisma. Justificam-se católicas por suas práticas de fé, seja por rezarem o terço, irem à missa aos domingos, pagarem o dízimo e acreditarem em Nossa Senhora. É preocupante, porque, quando questionadas em seu encontro pessoal com Cristo, não conseguem defini-lo.

Há pessoas que tiveram garantidas, no seio familiar, uma experiência de fé que é fortalecida no sinal sacramental e pela participação na vida da comunidade; outras buscam cumprir a tradição para se verem livres da obrigação religiosa; e há uma parcela bem significativa que retorna à Igreja Católica após "passar" por outras religiões.

Constatamos a existência de católicos cheios de dúvidas, que a cada tema em discussão apresentam um coração magoado, acanhado e revoltado. Católicos que deveriam expressar maturidade diante de conflitos, mas que se julgam amaldiçoados, castigados por Deus e até mesmo esquecidos por ele.

Poderia ser essa uma realidade pós-batismal? Tristemente reconhecemos que sim, já que o próprio sentido do Batismo encontra-se perdido em concepções do tipo:

Fui batizada quando criança, mas nunca participei da Igreja, não.

Minha mãe deixou para que eu fosse batizada depois de grande, porque eu poderia decidir que religião seguir.

Quero ser batizado para poder casar.

Afirmações como essas e outras nos fazem admitir que muito deve ser feito para que as pessoas assumam, vivenciem e expressem sua adesão pessoal a Cristo.

Diante de tantas realidades, nas quais os catequizandos e catecúmenos expressam a necessidade do encontro com o próprio sentido de suas realizações, a catequese de Iniciação Cristã precisa ser um caminho para vivenciar Deus em sua plenitude. Um cristão motivado a encontrar respostas, "a pescar", encontra palavras, gestos, atitudes reveladoras em seu dia-a-dia, como no dia em que perguntei ao grupo sobre algo que eles tivessem feito ou vivenciado e que houvesse marcado suas vidas até o momento, e um dos participantes, com quinze anos, disse não ter nada a apresentar. Não teria mesmo? Que resistência é essa ou o que lhe falta para poder se integrar como os outros?

Com exemplos como esse, e até mesmo de jovens e adultos que a cada novo questionamento demonstravam-se receosos por não saberem a resposta "certa", fui conquistando a confiança do grupo, demonstrando que não estávamos ali para "dar" respostas certas ou erradas, mas para descobrir o mistério da fé, manifestado na alegria e na tristeza, e não num Deus que castiga, que recompensa ou que se esquece de seus filhos.

Numa relação profunda com Deus, as dinâmicas, canções e leituras bíblicas foram planejadas com o intuito de suscitar o que cada um poderia compartilhar com o grupo; até mesmo o silêncio era muito bem-vindo. Respeito, responsabilidade, companheirismo, confiança foram conquistados para que o grupo continuasse vivo e atingisse seus propósitos. Não havia mais pessoas a serem batizadas, para "fazerem" a primeira comunhão ou a Crisma para cumprir uma obrigação, mas sim irmãos e irmãs que descobririam na catequese meios de ser e de viver em Jesus Cristo.

Como escreve pe. Lelo, em sua obra *A iniciação cristã*, "o catecumenato é o tempo próprio para o crescimento da fé, o amadurecimento da conversão, período de contato com a comunidade cristã, de familiarização com seus símbolos e com sua gente, por meio da progressiva experiência de fé, da liturgia e da caridade própria do povo de Deus".[15]

Ao ler esse livro, compreendi que meu trabalho deveria ser melhorado e aprofundado. Não bastava elaborar encontros e aplicá-los, de acordo com minhas percepções e convicções catequéticas. Eu precisava rever formas de fazer e de pensar a catequese, sua linguagem, suas reflexões, a espiritualidade, as motivações, de modo que os catequizandos e catecúmenos

---

[15] LELO, A. F. *A iniciação cristã*; catecumenato, dinâmica sacramental e testemunho. São Paulo, Paulinas, 2005. p. 49.

assumissem a experiência de fé de forma livre e consciente. Essa não era uma tarefa fácil e muito deveria ser analisado e discutido com meus pares.

Em reuniões mensais, o grupo de catequistas decide quais passos dar para que o planejamento das atividades seja desenvolvido. Apresentamos nossas dificuldades e conquistas e buscamos superar, a cada encontro, uma concepção de catequese para a pura obtenção do sacramento ou simples transmissão dos conteúdos da fé. Afirmo isso porque devemos, na dinâmica evangélica, refletir o quanto nossos trabalhos garantem a abertura dos corações. Uma vez que foram batizados, permanece a necessidade de descobrir a vida nova.

Além do mais, o outro espera de nós um olhar sincero, um ouvido atento, uma palavra amiga e, a cada encontro, nos rostos, nas atitudes, nos valores e nos objetivos de vida, reconhecemos adultos e crianças que necessitam se encontrar com Cristo, de modo que a conversão e a fé as possam amadurecer" (Erenice Jesus de Souza).

R E S U M O

O RICA restaurou o catecumenato com sua peculiar e tradicional pedagogia de amadurecimento da fé e também restabeleceu a *unidade dos três primeiros sacramentos.*

O RICA contempla:

- três tempos de preparação: pré-catecumenato, catecumenato e purificação;

- duas celebrações de passagem: entrada no catecumenato e inscrição do nome;

- celebração conjunta do Batismo, Confirmação e Eucaristia;

- tempo da mistagogia.

O critério da progressividade orienta e organiza as orações e os ritos preparatórios e fundamenta a qualidade do processo educativo.

A catequese será disposta em etapas, relacionada com o Ano Litúrgico e apoiada na liturgia da Palavra dos domingos.

Todo o processo está centrado na Páscoa de Cristo.

O processo catecumenal envolve toda a comunidade, a qual é chamada a *renovar a graça batismal*. Prepara o catequista e torna disponíveis os meios necessários para a catequese.

TRABALHO EM GRUPO

Aponte três características do método catecumenal.

Comente: o método catecumenal contempla o *querigma*, o primeiro anúncio da fé, que deverá ser o fio condutor de todo o processo. "O poder do Espírito e da Palavra contagia as pessoas e as leva a escutar Jesus Cristo, a crer nele como seu Salvador, a reconhecê-lo como quem dá pleno significado a suas vidas e a seguir seus passos. O anúncio se fundamenta no fato da presença de Cristo Ressuscitado hoje na Igreja, e é fator imprescindível no processo de formação de discípulos e missionários" (*Documento de Aparecida*, n. 279).

A unidade sacramental
Batismo, Confirmação, Eucaristia e suas mútuas relações

3º capítulo

Hoje, apresenta-se o desafio de superar o impasse da catequese de iniciação por etapas, que levou à separação e fragmentação do Batismo, Confirmação e Eucaristia. Normalmente, a prática pastoral de cada um deles independe uma da outra; passamos a entender cada sacramento isoladamente, ou seja, com vida própria e sem referência mútua. O que nos leva a recebê-los como diploma no final do curso.

A mútua relação desses sacramentos possibilita ao cristão identificar-se com a Páscoa de Cristo. Há a necessidade de rever o atual processo de iniciação para que reencontremos essa unidade num caminho de maturação da fé que não seja apenas um verniz. O RICA conserva a unidade dos três sacramentos.

Por que os três sacramentos se relacionam um com o outro? A ação salvífica de cada sacramento se complementa e proporciona, em conjunto, a identidade cristã. São chamados sacramentos pascais, pois configuram os eleitos na Páscoa de Cristo.[1] O tempo próprio para a iniciação cristã, especialmente a dos adultos, é a Vigília Pascal, quando mais plenamente se celebra a Páscoa de Cristo. E também o Tempo Pascal, por ser considerado uma extensão do domingo de Páscoa.

BATISMO

O Batismo, porta da vida espiritual, propicia a primeira participação na morte e ressurreição de Cristo, marca o começo

---

[1] "Confiando em seu parecer, a Igreja, em nome de Cristo, chama vocês para os *sacramentos pascais*" (RICA, n. 146).

do caminho, constitui o momento inicial de identificação com Cristo no seu mistério pascal, no qual o batizado é transformado radicalmente.

O sacramento produz naquele que o recebe a configuração em Cristo: "Nós nos tornamos uma coisa só com ele por uma morte semelhante à sua" (Rm 6,5). Formamos o seu Corpo, a Igreja, da qual ele é a cabeça. Pelo Batismo assumimos a mesma missão de Cristo, porque nos tornamos seus discípulos e nele fomos incorporados. "A catequese sobre a Eucaristia, [...] quando se trata da preparação de crianças à primeira Eucaristia, [deve ser] de tal forma que esta realmente apareça como perfeita inserção no Corpo de Cristo."[2] "Todos os membros devem assemelhar-se a ele, até que Cristo neles se forme (cf. Gl 4,19). Por isso, revivemos os mistérios de sua vida, assemelhando-nos a ele, morrendo com ele e ressuscitando, até chegarmos a reinar com ele (cf. Fl 3,21; 2Tm 2,11; Ef 2,6; Cl 2,12 etc.). Sendo ainda peregrinos na terra, seguimos as suas pegadas na tribulação e na perseguição, associamo-nos a seus sofrimentos como o corpo à cabeça, participando da paixão para participar também de sua glorificação (cf. Rm 8,17)."[3]

A catequese tem a tarefa de ajudar o catequizando a confrontar sua vida com a vida de Cristo. Mostrar a cruz como sinal de contradição, fruto da vaidade, da soberba, ou seja, do pecado do mundo. Cristo foi condenado porque amou até o fim (cf. Jo 13,1), defendeu o pobre, o órfão e a viúva; inaugurou o Reino de justiça, de solidariedade, sem exclusão.

O Batismo nos torna filhos de Deus, membros do Corpo de Cristo, porque nos identifica, nos insere em sua Páscoa. A cruz de Jesus é sinal de doação e serviço. Ela é conseqüência da fidelidade ao projeto salvífico de Deus. Todo cristão torna-se um sinal de contradição ao assumir os valores do Reino em contraposição aos valores do mundo.

O Pai nos concede todos os dons no Batismo, nos aceita como filhos, porque recebemos o Espírito da Ressurreição, e perdoa nossos pecados. Porém, permanece em nós a liberdade de acei-

---

[2] SAGRADA CONGREGAÇÃO DOS RITOS. *Instrução sobre o culto do mistério eucarístico.* São Paulo, Paulinas, 2003. n. 14.

[3] CONCÍLIO VATICANO II, Constituição dogmática *Lumen Gentium* sobre a Igreja, n. 7.

tar ou de contrariar o plano do Pai e optar pelo mal. Por isso, a vida cristã é o espaço de tempo que temos para nos assemelhar a Cristo com nossos atos e maneira de ser.

Assim, desde seu Batismo, o cristão aprende que viver em Cristo é amar sem limites, é doar-se a si mesmo em favor dos outros. Mesmo que isso resulte em sofrimentos, incompreensões e até perseguição, como aconteceu com Cristo. Nessa óptica, amar, pensar, viver e sofrer como Jesus torna-se a fonte de onde emana o testemunho na missão, na qual se assumem conscientemente os desafios de ser cristão.

CONFIRMAÇÃO

A Confirmação expressa e supõe a força especial do Espírito para cumprir a missão profética em meio ao mundo, para edificar em unidade a Igreja, Corpo de Cristo, e defender a verdade do Evangelho nas diversas situações da vida.

A Confirmação nos concede o Espírito da Páscoa, o qual aperfeiçoa, potencia as graças do Batismo para o cristão viver mais em conformidade a Cristo, isto é, para levar a Eucaristia a se realizar em sua vida.

A Confirmação, aperfeiçoamento e prolongamento do Batismo, faz os batizados avançarem pelo caminho da iniciação cristã, pelo dom do Espírito, que capacita o indivíduo a viver as exigências do caminho pascal, rememorado no sacrifício da Eucaristia. A Confirmação está orientada à participação plena na Eucaristia.

Em nossa realidade latino-americana é muito importante que essa maneira de viver e anunciar o Cristo seja freqüentemente proclamada, expressando o mais íntimo do ser cristão. Na perspectiva da catequese, tomamos por testemunho a atitude louvável de nossos irmãos catequistas da aldeia *Nueva Liberdad*, Diocese do Petén, Guatemala, que assumiram verdadeiramente a causa de Cristo em suas vidas.

Durante a perseguição civil na década de 1970, eles foram ao bispo para dizer que estavam sendo ameaçados. O bispo respondeu, aflito, que não podia fazer nada e que uma ameaça naquele momento equivalia, na verdade, à sentença de morte. Portanto, os dispensava da catequese para que ficassem com suas famílias e não fossem mais perseguidos. Poderiam agir assim, sem nenhum problema de consciência.

Os catequistas reuniram-se e, depois de uma longa reflexão, relataram seu pensamento ao bispo: "Quando recebemos o ministério da catequese de suas mãos, o senhor nos alertou das exigências e da responsabilidade do compromisso de ser catequista, dizendo: 'Vocês sabem que, ao receber este ministério, vão correr riscos pelo Evangelho, que pode até ser de perseguição'. Mesmo assim, naquele momento, aceitamos ser catequistas. Portanto, agora não iremos recuar".

EUCARISTIA

A firmeza desses catequistas, que se dispuseram a arriscar a vida por Cristo, mostra que a Páscoa de Cristo nos alcança no tempo, para que entremos em comunhão de vida e de morte com ele para a salvação do mundo. Na celebração da Eucaristia, os batizados associam-se ao sacrifício do Senhor, aprendem a oferecer-se a si mesmos, seus trabalhos e todas as coisas criadas pelo Pai, com Cristo, no Espírito.

A Eucaristia é a consumação da iniciação, pois o batizado, incorporado à comunidade eclesial, reproduz o único sacrifício, que é o seu. Por isso, o batizado participa da liturgia eucarística e oferece a sua vida ao Pai associada ao sacrifício de Cristo. É o Cristo inteiro, cabeça e membros, que se oferece pela salvação da humanidade. Assim, aclamamos na Oração Eucarística III: "Fazei de nós uma oferenda perfeita".

Conhecer o ensinamento e a pessoa de Jesus com a finalidade de o seguirmos em nossa vida é maior do que assumir somente uma postura de pedir favores e esperar uma graça. Claro que em nossas orações vamos interceder por nossas necessidades, pelas da Igreja e do mundo, porém, sem perder de vista que já somos amados pelo Pai e conduzidos pelo Espírito. "Seremos felizes à medida que nos aproximarmos, cada vez mais, de Deus, acolhendo-o na oração, seguindo os mandamentos, vivendo em comunidade e trabalhando por um mundo onde a felicidade vise não ao proveito pessoal mas sim ao serviço do Reino de Deus."[4]

A configuração em Cristo, tida como transformação interior e para sempre, ocorrida na iniciação deve ir consolidando-se, aprofundando-se progressivamente pela participação na vida sacramental da Igreja. Supõe-se que o batizado vive a Páscoa de Cristo cada vez mais real e plenamente. Por isso, na Eucaristia dominical, oferece o sacrifício de louvor de toda a sua vida entregue ao Reino. Assim, passamos a compreender a frase paulina: "Completo, na minha carne, o que falta às tribulações de Cristo em favor do seu Corpo, que é a Igreja" (Cl 1,24).

Lembramos, com admiração, o adolescente Lucas Vezzaro. Aos doze anos, no dia 17 de setembro de 2004, o adolescente consumou plenamente o dom de si após salvar, um a um, três colegas do ônibus escolar em que estavam e que havia caído na represa, em Erechim (RS). Viveu a máxima oferta eucarística: "Ninguém tem maior amor do que aquele que dá a sua vida pelos seus amigos" (Jo 15,13).

Seguir os passos de Cristo leva-nos a uma nova realidade na qual o que antes era importante hoje já não é mais; traz novos valores e critérios de vida que se diferenciam dos valores do mundo. Cristo, com seu amor, leva-nos ao Reino, consumado em seu sacrifício, no sangue derramado e no Espírito dado a todos sem distinção.

MÚTUA RELAÇÃO

Aquilo que o Batismo e a Confirmação realizam uma vez — a saber, a configuração no mistério da Páscoa, de forma irrevogável, imprimindo o caráter — permanecerá para sempre na vida de filhos de Deus. A Eucaristia culmina na configuração a Cristo; será a participação repetida de toda a comunidade no mistério pascal e será a incorporação na Igreja, cada vez mais perfeita e total.

---

[4] CNBB. *Diretrizes gerais da ação evangelizadora da Igreja no Brasil. 2008-2010.* São Paulo, Paulinas, 2008, n. 111. (Documentos da CNBB, n. 87).

Por isso, o Batismo se cumpre na Eucaristia. O Batismo abre as portas da vida cristã para o fiel viver como filho de Deus, respondendo "sim" ao projeto do Pai de viver como Jesus, amando e servindo.

Jesus chama à comunhão consigo todo cristão. Quer que o cristão se associe a seu amor vivido até o fim na cruz. Assim, no dia-a-dia levará uma vida de doação, de entrega e de serviço às pessoas; especialmente nas Eucaristias dominicais, o cristão vai unir-se ao sacrifício de Cristo como oferenda perfeita e agradável a Deus, para se identificar sempre mais com Cristo em sua Páscoa. Isso é obra do Espírito Santo.

O sacramento da Penitência é um sacramento de cura, e não faz parte da iniciação. No caminho por etapas, está situado como o sacramento que nos faz recobrar a graça do Batismo, uma vez perdida pelos nossos pecados.

Também a penitência proporciona a participação na Páscoa de Cristo. Pelos méritos do sacrifício redentor de Cristo, somos perdoados de nossos pecados e pela ação do Espírito Santo voltamos a viver na amizade filial com o Pai.

Os sacramentos são um dom, um presente de Deus que fortalecem e plenificam aqueles que os recebem. Conferem a graça do Espírito Santo para vivermos a missão de colaborar na instauração do Reino de Deus com humildade e doação.

Como é bom encontrarmos no grupo de catequese aqueles catequizandos que orientam sua vida para o dom de si, sabem ser oblativos e ajudar os outros com naturalidade. Os sacramentos de iniciação, centrados na cruz e na ressurreição de Cristo, educam o coração humano para o verdadeiro amor vivido em prol da comunidade, da família, da Igreja e do próximo.

A mútua referência dos três sacramentos é pouco matizada nos livros de catequese. É comum encontrarmos catequistas que não sabem relacionar o Batismo, a Confirmação e a Eucaristia. É justamente esse dinamismo referencial que garante a unicidade de todo o processo, fundamenta a identidade do ser cristão e projeta-a como tarefa pascal a ser cumprida ao longo de toda a existência do fiel. Historicamente, assimilamos como único modelo válido de iniciação aquele por etapas, calcado numa visão que reforça o efeito do sacramento (ação *ex opere operato*) isolado dos demais e do processo eclesial.

CONSEQÜÊNCIAS PASTORAIS

A unidade dos três sacramentos da iniciação implica ter uma visão conjunta da finalidade do processo (seja como catecumenato ou catequese por etapas). Assim, todos os agentes buscam alcançar o cumprimento da meta da conformação e maturidade da pessoa em Cristo. Temos o costume de separar o catecumenato de adultos e cada uma das etapas dos três sacramentos a ponto de, em algumas dioceses, os catequistas de Crisma se compreenderem unicamente como agentes da pastoral da juventude, igualmente os do Batismo se ligarem à pastoral familiar, e se considerarem propriamente catequistas somente os de iniciação à Eucaristia. Porém, segundo a mentalidade produzida pelo estilo catecumenal, todos são catequistas.

Tal unidade implica, também, a formação conjunta de todos os agentes pastorais envolvidos nesses sacramentos a fim de aprofundar os caminhos da iniciação na vida da comunidade. Primeiramente, deverão assimilar a experiência e o significado teológico da unidade sacramental, visto que, na maioria das vezes, foram iniciados de forma parcial e desconhecem a estreita ligação entre os três sacramentos.

A mútua relação nos leva a um novo modelo de iniciação, partindo das etapas, mas com a preocupação de cumprir o processo integralmente, em interação com a iniciação sacramental dos adultos que não completaram a iniciação. É o conjunto das três etapas com uma atenção denodada à família, particularmente aos adultos responsáveis pelas crianças e jovens considerados também destinatários da catequese. "Assumir essa iniciação cristã exige [mais do que] uma renovação de modalidade catequética da paróquia."[5]

---

[5] CELAM. *Documento de Aparecida*; texto conclusivo da V Conferência Geral do Episcopado Latino-Americano e Caribenho. 13-31 de maio de 2007. São Paulo, Paulus/Paulinas/Edições CNBB, 2007. n. 294.

Começar a ver

Santo Ambrósio não hesita em afirmar que o candidato, ao entrar na fonte batismal, não vê apenas a água; convida-o a meditar na ação do Espírito sobre a água na criação do mundo, no dilúvio, ou mesmo no Mar Vermelho quando o Espírito foi enviado e os egípcios, perseguidores dos judeus, foram tragados pelas águas. Tem receio que os recém-batizados fiquem decepcionados com um gesto tão simples, como o de serem mergulhados na água. Segue insistindo que não há por que deixar de acreditar que o sacramento opera além daquilo que os sentidos apresentam. "Não dês fé unicamente aos olhos de teu corpo. Melhor se vê o que é invisível. O primeiro é temporal, enquanto o invisível é eterno. Melhor se enxerga o que não se abarca com os olhos, mas se divisa pelo espírito e pela alma."[6]

O melhor exemplo continua sendo o do cego de nascença (cf. Jo 9,1-41). Após o milagre, o que era cego começou a enxergar, com a visão humana, as coisas deste mundo. Porém, o grande milagre aconteceu quando, iluminado pela fé, passou a ver não somente com os olhos do corpo; por isso reconhece Jesus como Messias. "Disse-lhe Jesus: 'Crês no Filho do Homem?'. 'Quem é, Senhor, para que eu nele creia?'. Jesus lhe disse: 'Tu o estás vendo, é quem fala contigo'. Exclamou ele: 'Creio, Senhor!'. E prostrou-se diante dele" (vv. 35-37). Com a luz da fé enxergou o divino, o Cristo.

Aquele que foi batizado passa a enxergar com os olhos do coração o mistério realizado no sacramento.[7] Por isso, o Batismo é também chamado de iluminação, porque concede a luz da fé; em conseqüência, os batizados são denominados "fiéis". "Tomaste parte dos sacramentos e tens pleno conhecimento de tudo, uma vez que és batizado em nome da Trindade."[8]

---

[6] AMBRÓSIO DE MILÃO. *Os sacramentos e os mistérios*; iniciação cristã nos primórdios (ARNS, P. E. Introdução e tradução – AGNELO, G. M. Comentários). Petrópolis, Vozes, 1972 (Fontes da Catequese, n. 5). *Os mistérios*, n. 15.

[7] Id., *Os sacramentos*, n. III, 12.

[8] Ibid., n. VI,5.

"Começaste a ver o que antes não havias visto, quer dizer: pela fonte do Salvador e pela pregação da Paixão do Senhor, se te abriram os olhos. Tu, que anteriormente parecias cego de coração." Aquele que foi batizado por Cristo, e através do Batismo foi redimido do pecado, teve purificado os olhos e, então, diz o santo, "te puseste a ver a luz dos sacramentos".[9]

Os sentidos captam somente a figura exterior destes mistérios — o banho d'água —, porém o decisivo é a graça. Efetivamente, o rito visto somente de fora não oferece automaticamente o significado de que é portador. Esse significado deve ser descoberto, revelado pela palavra, pela catequese. Mais ainda, deve ser professado pela fé.

R E S U M O

A catequese de iniciação por etapas levou à separação e fragmentação do Batismo, Confirmação e Eucaristia.

A prática pastoral de cada um deles independe uma da outra; passamos a entender cada sacramento isoladamente, ou seja, com vida própria e sem referência mútua.

A interligação desses sacramentos possibilita ao cristão identificar-se com a Páscoa de Cristo.

O Batismo, porta da vida espiritual, propicia a primeira participação na morte e ressurreição de Cristo, constitui o momento inicial de identificação com Cristo em seu mistério pascal, no qual o batizado é transformado radicalmente.

O Batismo nos torna filhos de Deus, membros do Corpo de Cristo. Permanece em nós a liberdade de aceitar ou de contrariar o plano do Pai e optar pelo mal. Por isso, a vida cristã é o espaço de tempo que temos para nos assemelhar a Cristo com nossos atos e maneira de ser.

A Confirmação, aperfeiçoamento e prolongamento do Batismo, faz os batizados avançarem pelo caminho da iniciação

---

[9] Ibid., n. III,15.

cristã, pelo dom do Espírito que capacita o indivíduo a viver as exigências do caminho pascal, rememorado no sacrifício da Eucaristia. A Confirmação está orientada à participação plena na Eucaristia.

A Eucaristia é a consumação da iniciação, pois o batizado, incorporado à comunidade eclesial, reproduz o único sacrifício, que é o seu. Por isso, o batizado participa da liturgia eucarística e oferece sua vida ao Pai associada ao sacrifício de Cristo.

A configuração em Cristo ocorrida na iniciação deve ir aprofundando-se progressivamente pela participação na vida sacramental da Igreja. Supõe-se que o batizado viva a Páscoa de Cristo cada vez mais real e plenamente; daí a importância da Eucaristia dominical.

É o dinamismo referencial dos três sacramentos que garante a unicidade de todo o processo, fundamenta a identidade do ser cristão e projeta-a como tarefa pascal a ser cumprida ao longo de toda a existência do fiel.

TRABALHO EM GRUPO

Por que o método catecumenal inspirado no RICA representa continuidade e avanço em relação à catequese renovada?

Hoje é tão necessário que os cristãos valorizem sua identidade na sociedade. Tal identidade é dada pelos três sacramentos. Por isso, é importante reconquistar a unidade sacramental na pastoral e na vida cristã.

Comente: Somos iniciados na vida da comunidade, como Igreja-Corpo de Cristo, para viver a Páscoa de Cristo em nossa vida. Isso acontecerá à medida que formos mais discípulos e seguidores do Mestre.

4º capítulo

O estilo catecumenal

Atualmente, é algo novo organizar a pastoral de iniciação a partir da unidade de todo o processo, visto que a celebração separada dos sacramentos fez perder a relação de um com o outro e, conseqüentemente, o próprio sentido de ser cristão. Há que reestruturar essa pastoral em um adequado processo de amadurecimento da fé. "A catequese não prepara simplesmente para este ou aquele sacramento. O sacramento é uma conseqüência de uma adesão à proposta do Reino, vivida na Igreja. Nosso processo de crescimento da fé é permanente; os sacramentos alimentam esse processo e têm conseqüências na vida."[1]

O estudo global do RICA possibilita identificar os elementos principais que compõem o processo unitário da iniciação.[2] A partir desses elementos principais, temos a chamada pedagogia da iniciação, que oferece condições de traçar o itinerário catecumenal segundo nossas possibilidades pastorais:

- a *centralidade do mistério pascal* no Batismo dada pela participação, através do banho, na morte e ressurreição de Jesus Cristo;

- a *unidade das três etapas* dos sacramentos da iniciação, que compreende planejamento e a capacitação integrada dos agentes;

- o *amadurecimento progressivo da fé*, que requer continuidade no caminho de uma etapa preparatória para outra seguinte;

---

[1] CNBB. *Diretório nacional da catequese*. São Paulo, Paulinas, 2006. n. 50 (Documentos da CNBB, n. 84).

[2] Cf. CONGREGAÇÃO PARA O CLERO. *Diretório geral para a catequese*. 2. ed. São Paulo, Paulinas/ Loyola, 1999. nn. 90-91.

- o anúncio urgente da centralidade e experiência da *fé em Jesus* Cristo a partir dos símbolos celebrados como conversão ao projeto do Reino;
- o alto grau de *responsabilidade da comunidade* para preparar e acolher seus novos membros. Fica patente a missão dos adultos — padrinhos, catequistas, pároco, comunidade cristã — como sujeitos ativos no Batismo e na educação da fé. A iniciação cristã na tradição da Igreja é tarefa de toda a comunidade: é o seio da Igreja que gera a fé;
- a intensidade e a *integridade da formação*.

O *Diretório nacional de catequese*, nn. 45-50, fala que se deve aplicar esse estilo catecumenal em toda forma de catequese, especialmente a catequese de iniciação cristã, inclusive o processo formativo por idades, também chamado "por etapas".

Anúncio querigmático

A geração adulta de hoje não foi acostumada a ouvir o anúncio destemido e testemunhal do Senhor Jesus. A fé cristã estava bem mais adaptada aos sacramentos e promessas. Sem dizer que muitas vezes a pregação, a catequese e a liturgia não se centravam bem no núcleo de nossa fé em Cristo, em sua Páscoa, no Reino, na Igreja, mas se orientavam mais pelas devoções e festas. Quantas vezes a Palavra proclamada perdeu lugar para avisos e moralização de costumes.

Mais do que nunca se faz necessário o "primeiro anúncio" em todas as formas de catequese. Evita-se pensar que as pessoas já sejam crentes e que todo encontro de fiéis torna-se ocasião para recuperar o coração da fé (querigma) e o convite para a adesão inicial. "O centro do primeiro anúncio (querigma) é a pessoa de Jesus, proclamando o Reino como uma nova e definitiva intervenção de Deus que salva com um poder superior àquele que utilizou na criação do mundo. Essa salvação é o grande dom de Deus, libertação de tudo aquilo que oprime a pessoa humana, sobretudo do pecado e do Maligno, na alegria de conhecer a Deus e ser por ele conhecido, de o ver e se entregar a ele."[3]

Hoje as coisas mudaram. Vivemos numa sociedade pluralista e respeitamos as várias opções de fé entre os cristãos e aqueles adeptos de outras religiões. Entre tantas propostas de fé, urge fazer a experiência no Deus uno e trino, como comunidade de amor; conhecer e relacionar-se com Jesus de Nazaré e sentir-se incomodado com o anúncio do Reino. Este é o anúncio impactante que Pedro e Paulo registram no livro dos *Atos dos Apóstolos* e nas *Cartas*. Em frases curtas e testemunhais, apresentam o Deus revelado por Jesus e a novidade de vida que os levavam a ser apóstolos, enviados da verdade.

"É necessário desenvolver em nossas comunidades um processo de iniciação na vida cristã que começa pelo querigma e que, guiado pela Palavra de Deus, conduz ao encontro pessoal, cada vez maior, com Jesus Cristo."[4] Alimenta-se essa experiência do encontro no cultivo da amizade com Cristo pela oração, no apreço pela celebração litúrgica, na experiência comunitária e no compromisso apostólico, mediante um permanente serviço aos demais.[5]

O anúncio alegre e dinâmico das realidades principais de nossa fé, conforme o *Diretório nacional de catequese*, n. 31, deverá constituir o eixo de todo o processo catequético e será capaz de convidar crianças, jovens e adultos a seguirem a Boa-Nova de Jesus Cristo. "A finalidade da catequese é aprofundar o primeiro anúncio do Evangelho: levar o catequizando a conhecer, acolher, celebrar e vivenciar o mistério de Deus, manifestado em Jesus Cristo, que nos revela o Pai e nos envia o Espírito Santo. Conduz à entrega do coração a Deus, à comunhão com a Igreja e à participação em sua missão."[6]

---

[3] CNBB. *Diretório nacional de catequese*. São Paulo, Paulinas, 2006. n. 30 (Documentos da CNBB, n. 84).

[4] CELAM. *Documento de Aparecida*; texto conclusivo da V Conferência Geral do Episcopado Latino-Americano e Caribenho. 13-31 de maio de 2007. São Paulo, Paulus/Paulinas/Edições CNBB, 2007. n. 289.

[5] Ibid., n. 299.

[6] CNBB, *Diretório nacional de catequese*, n. 43.

Interação entre catequese e liturgia

A catequese conduz o batizado à participação plena, ativa e frutuosa na liturgia. Ajudar o catequizando a fazer a experiência dos símbolos e gestos celebrados faz parte de uma educação que leva o catequizando a experimentar os sinais tão simples e tão humanos da liturgia não apenas como elementos deste mundo, mas, aos olhos da fé, também como realidades divinas, além de prepará-lo para tomar contato direto com a graça de Deus nas celebrações, relacionar-se filialmente com o Pai e unir-se à oferta de Jesus, oferecendo sua própria vida.

O método para ser introduzido nos mistérios celebrados (celebração e estudo dos sacramentos ou dos gestos litúrgicos etc.) chama-se mistagogia. Durante o percurso catequético, pouco a pouco, vai-se descobrindo a linguagem dos ritos, símbolos, gestos e posturas utilizados numa celebração, os quais possuem um significado próprio, fundamentado na Bíblia. Por isso devem ser interiorizados e realizados com calma, para depois descobrirmos de que forma esses gestos se realizam na vida cristã como testemunho e compromisso com a fé, da qual eles são sinais.

A educação dos gestos e dos símbolos empregados na liturgia leva-nos a valorizar o significado do rito celebrado, como inserção no mistério da fé. Um bom método é partir do sentido antropológico daquele sinal (do significado corriqueiro e cotidiano). O que se recomenda propriamente às crianças vale para todo aquele que se achega à liturgia: que "experimentem, segundo a idade e o progresso pessoal, os valores humanos inseridos na celebração eucarística, tais como: ação comunitária, acolhimento, capacidade de ouvir, bem como a de pedir e dar perdão, ação de graça, percepção das ações simbólicas, da convivência fraterna e da celebração festiva".[7] Em um segundo nível, notar como aparecem na Bíblia e, depois, analisar o significado que adquirem ao ser usados na celebração. Desses três níveis, chegamos a um quarto: extraímos o compromisso cristão que o mesmo rito anuncia e celebra para suscitar a fé vivida.[8]

---

[7] Congregação para o Culto Divino, *Diretório para missas com crianças*, n. 9. In: Aldazábal, J. *Celebrar a Eucaristia com crianças*. São Paulo, Paulinas, 2008. p. 26.

[8] Cf. Lelo, A. F. Mistagogia: participação no mistério da fé. *Revista Eclesiástica Brasileira*, n. 257, pp. 64-81, janeiro de 2005.

Por isso, recomenda-se que ao longo dos encontros sejam apresentados pequenos exercícios com experiências, símbolos e celebrações para propiciar uma educação litúrgica que capacite o catequizando a interiorizar os principais gestos da liturgia. O sentido profundo deles coloca o fiel em contato direto com o mistério de fé celebrado. Vale a pena voltarmos a uma catequese que privilegie o uso de símbolos como são celebrados no culto litúrgico. Uma catequese que, pouco a pouco, revele a linguagem dos ritos, símbolos, gestos e posturas utilizados na celebração.

Referindo-se à preparação da vida eucarística das crianças, o *Diretório para missas com crianças* recomenda: "Celebrações de várias espécies também podem desempenhar um papel na formação litúrgica das crianças e em sua preparação para a vida litúrgica da Igreja. Por força da própria celebração, as crianças percebem, mais facilmente, certos elementos litúrgicos, como a saudação, o silêncio, o louvor comunitário, sobretudo se for cantado. Cuide-se, todavia, que estas celebrações não se revistam de uma índole demasiadamente didática".[9]

Vivências que educam para a acolhida do outro são fundamentais. É preciso ensinar a ouvir a Palavra, partilhar a vida ou o modo de pensar, praticar a ação de graças, ser generoso e oferecer a vida como serviço de amor e de dom de si (lava-pés), pedir perdão, reconhecer a presença e o direito do outro. Atitudes como essas, em pequenas vivências, colocam o Evangelho em ação e realizam o sacramento em seu efeito primeiro como símbolo pertencente a este mundo. Naturalmente, será necessário preparar a equipe e os jovens para essas práticas, pois se trata de exercícios simples, mas que resgatam atitudes não muito praticadas hoje.

Vivência litúrgica

Recomenda-se celebrar adequadamente a leitura bíblica indicada em cada encontro. Durante esse momento orante do grupo, exercita-se a escuta ativa da Palavra, a fim de suscitar a necessária resposta de fé. Sugere-se criar um ambiente celebrativo: sentar em semicírculo, tendo ao centro um ambão (estante litúrgica)

---

[9] Congregação para o Culto Divino, *Diretório para missas com crianças*, n. 13.

coberto por uma toalha ou faixa da cor litúrgica do tempo (branco se Páscoa ou Natal, verde se Tempo Comum, roxo se Quaresma ou Advento) para a Sagrada Escritura e uma vela grande.

Para as pessoas se concentrarem e ouvirem a proclamação, recomenda-se iniciar os encontros cantando um refrão meditativo ou um mantra, ora mais baixo, ora mais alto. Durante o canto um jovem se levanta e acende a vela grande. É recomendável cantar ou proclamar um salmo com a participação do grupo por meio das respostas. Quando o Evangelho for proclamado, fica-se de pé; quando não, fica-se sentado. A proclamação sempre será feita do ambão. Em seguida, há uma conversa ou partilha, inspirada na Palavra ouvida, sobre a vida do grupo.

Podem-se acrescentar preces de pedidos ou de ação de graças, propor alguma bênção etc. A duração e freqüência de tais celebrações variarão de acordo com a sensibilidade do grupo e da equipe catecumenal.

Catequese litúrgica

A sensibilidade do tempo atual convida muito mais para a dispersão. O que impera em nossos dias é a lei de Gérson (levar vantagem em tudo), a invisibilidade do outro e seu não-reconhecimento como irmão, um consumismo exibicionista que exalta o corpo. Tais posturas impedem a participação na liturgia, pois sua linguagem contemplativa guia-se pela fé, pelo Evangelho tornado visível em gestos rituais que reproduzem as ações de Jesus. Sem essa sensibilidade somos estrangeiros na casa do Pai.

A equipe catecumenal deverá optar menos por "dinâmicas" e mais por uma postura orante, celebrativa e vivencial. Do contrário, todo sinal ou simbologia indiscriminadamente terá lugar na catequese, porém o catequizando não encontrará elementos para fazer a ligação com o gesto propriamente litúrgico, deixando a celebração enigmática, algo especializado e fastidioso.

"A catequese litúrgica explica o conteúdo das orações, o sentido dos gestos e dos sinais, educa à participação ativa, à contemplação e ao silêncio. As fórmulas litúrgicas, particularmente as orações eucarísticas, são ricas de conteúdo doutrinal que expressam o mistério celebrado."[10] Com o objetivo de promover a interação fecunda entre liturgia e catequese, segundo a orientação do *Diretório nacional de catequese*, n. 122, devem ser apresentados com muito cuidado na catequese as propostas de oração, o enfoque do sacramento e os diversos elementos litúrgicos.

Durante a celebração, vamos estar atentos a três pontos: ao significado de cada rito, ao modo como são celebrados e ao que eles implicam na vida do cristão. Vamos unir esses três elementos, para que não seja uma celebração vazia, apenas exterior. Cada rito celebrado produz uma rede de sentidos para comunicar a graça que vem do Espírito. Essa comunicação da vida de Deus em nós é transformadora e sempre pedirá a resposta de fé e de adesão por toda a nossa vida.

Liturgia nos livros catequéticos

Constatamos, freqüentemente, nas edições catequéticas, a apresentação de um excelente roteiro de catequese, porém a metodologia empregada quase sempre não dispõe de nenhum plano de educação litúrgica correspondente aos temas tratados. Há uma criatividade que lança mão, aleatoriamente, de todo tipo de oração ou simbolismo, sem relacionar à vivência do rito litúrgico, ou mesmo sem preparar a pessoa para experienciá-lo. Produz-se uma ruptura entre rito e anúncio. Quase nunca se pergunta: como a liturgia celebra a realidade de fé deste anúncio que acabamos de fazer?

Aqui, surgem temas próprios da liturgia a serem desenvolvidos na catequese: que é a assembléia litúrgica; os três tempos da revelação; figura e realidade; as partes da celebração eucarística; a dinâmica da celebração da Palavra; a liturgia como exercício do sacerdócio de Jesus Cristo e ação nossa em conjunto com ele presente na celebração, pela força do Espírito Santo; a compreensão dos ritos e símbolos como reveladores da ação pascal de Cristo e experiências de encontro com o Ressuscitado etc.

---

[10] CNBB, *Diretório nacional de catequese*, n. 121.

Nos textos catequéticos do Brasil, um deslize muito comum é não encontrar o nexo fundamental entre história da salvação e acontecimento salvífico celebrado no sacramento. Por exemplo: muitos deles apresentam, de forma inadequada, ou não ressaltam suficientemente a ligação entre êxodo, morte e ressurreição de Cristo, e última ceia. A Eucaristia passa a ser tratada como continuidade da última ceia, chegando-se a afirmar que é sacramento da ceia do Senhor. O sacrifício de Cristo ficou esquecido lá atrás, quando se estudou a crucifixão de Jesus; prefere-se continuar com a dicotomia entre sacramento e sacrifício. Deixa-se de lado o esforço atual de apresentar a Eucaristia como memorial pascal, sacrifício sacramental da morte e ressurreição do Senhor.

Com essa deficiência, a Eucaristia se concentra unicamente sob a dimensão de alimento que fortalece a vivência cristã porque nela encontramos a presença real do Corpo e do Sangue do Senhor. O que observamos aqui é a restrição do sacramento a quase uma dimensão, deixando à sombra a dimensão do memorial sacrifical.

Não se associa o sinal sacramental a seu conteúdo. Deixa-se de entendê-lo como realização atual da única história da salvação. O sacramento é visto parcialmente, sob os efeitos que produz e sem continuidade com os conteúdos tratados anteriormente. Dessa forma, o sacramento acaba tendo vida própria; a história da salvação e a obra sacramental passam a ser coisas diferentes. Não se parte de Cristo, sacramento original do Pai e da Igreja, seu sacramento principal.[11]

A CATEQUESE PRIORIZA OS ADULTOS

Impõe-se, atualmente, a necessidade de não se contentar unicamente com o Batismo de crianças e constatar que tantos fiéis não foram evangelizados, não alcançaram a maturidade da fé. Por isso, a catequese com estilo catecumenal ressalta o cuidado missionário com aqueles adultos batizados que não completaram a iniciação, busca a unidade das três etapas do Batismo,

---

[11] Conforme nos mostra a rica introdução da liturgia no *Catecismo da Igreja Católica*, nn. 1076-1209.

Confirmação e Eucaristia, e valoriza o caminho progressivo de amadurecimento da fé.

Contribui para tanto a clareza meridiana do capítulo IV do RICA, que trata da "preparação para a Confirmação e a Eucaristia de adultos que, batizados na infância, não receberam a devida catequese". Esse destinatário foi identificado há alguns anos, como o principal desafio da Igreja do Brasil.

Esse capítulo é um conjunto de onze observações que, como dissemos, remete ao modelar capítulo primeiro. A aplicação das orientações do capítulo IV do RICA vai ao encontro do que ambos os diretórios preconizam decisivamente para toda a catequese: não é preciso repetir ao pé da letra o catecumenato, mas sim imprimir o estilo catecumenal em toda forma de catequese.[12]

"A concepção do catecumenato batismal, como *processo formativo e verdadeira escola de fé*, oferece à catequese pós-batismal uma dinâmica e algumas notas qualificativas: a intensidade e a integridade da formação; seu caráter gradual, com etapas definidas; sua vinculação com ritos, símbolos e sinais, especialmente bíblicos e litúrgicos; sua constante referência à comunidade eclesial."[13]

A importância do catecumenato dos adultos se impõe pela urgência dos tempos de hoje. Muitos pais que procuram o Batismo, ou a catequese de Eucaristia ou de Crisma, para seus filhos não sentem a necessidade de serem evangelizados e levarem uma vida de fé na comunidade cristã. Aliada a essa mentalidade, muitas comunidades ainda não priorizam a catequese com adultos; deixam se prender à mentalidade de que catequese é coisa de criança. Há que entender o catecumenato pós-batismal dos adultos como uma modalidade complementar e necessária no quadro da catequese por etapas.[14]

Agora, estamos no período de implantação dessa nova metodologia, já tradicional na Igreja. No princípio porque o catecumenato

---

[12] CNBB, *Diretório nacional de catequese*, nn. 45.49ce.

[13] Ibid., n. 49e.

[14] Para essa finalidade, recomendamos: BRUSTOLIN, L. A.; LELO, A. F. *Caminho de fé*; itinerário de preparação para o Batismo de adultos e para a Confirmação e Eucaristia de adultos batizados. São Paulo, Paulinas, 2006; BLANKENDAAL, A. F. *Seguir o Mestre*; Batismo e/ou Confirmação e Eucaristia de adultos. São Paulo, Paulinas, 2007 (2 volumes).

era de conversão e proporcionava identidade numa sociedade amplamente paganizada. Hoje, porque retoma com força o querigma diante da fraca evangelização e do pluralismo religioso.

Participação na comunidade

O *Documento de Aparecida* delineia o modelo de Igreja missionária. Alguns já disseram: "Com adultos, uma Igreja adulta". O catecumenato fortalece o protagonismo do leigo na Igreja, desperta a participação ativa e consciente na comunidade. Aliás, a dimensão comunitária é o traço mais característico do catecumenato. É iniciado pela Igreja para viver na Igreja. Se nossas paróquias querem ser revitalizadas, um ponto de partida, suscitado pelo catecumenato, será a abertura de espaços de participação na estrutura paroquial.

O processo catecumenal da iniciação põe em evidência a Igreja, que se manifesta pelo povo e por seus ministros como comunidade servidora e mãe, pois está preocupada com a formação dos novos filhos de Deus. Apresenta-se como um conjunto bem disposto e organizado para uma tarefa comum de acolhida, formação, testemunho e renovação da fé em Cristo. Conforme RICA, n. 41: "O povo de Deus, representado pela Igreja local, sempre compreenda e manifeste que a iniciação dos adultos é algo de seu e interessa a todos os batizados".

O estudo *Com adultos, catequese adulta* propõe os traços fundamentais da eclesiologia posterior ao Concílio Vaticano II, assimilados no modo de ser Igreja no Brasil. Desde o concílio, é muito valorizada a categoria Igreja como Povo de Deus, porque apresenta o protagonismo dos ministros ordenados em comunhão com os leigos, formando um povo profético, sacerdotal e carismático, em atitude dinâmica de acolhida e compromisso com o Reino. O estudo conclui que tal modelo eclesial vem ao encontro das expectativas dos adultos de hoje: eles querem *fazer* a Igreja e não simplesmente *recebê-la*, querem ser membros ativos com vez e voz, e não passivos na comunidade de fé.[15]

---

[15] CNBB. *Com adultos, catequese adulta*; texto-base elaborado por ocasião da II Semana Brasileira de Catequese. São Paulo, Paulus, 2001. n. 72.

Catecumenato com adultos

"Em nossa Paróquia de Nossa Senhora da Conceição (Rio Bonito, RJ), Arquidiocese de Niterói, com o Monsenhor João Alves Guedes, pároco, temos muitos movimentos e pastorais. O catecumenato é para nós uma experiência mais ou menos nova. Antes de iniciarmos com essa catequese, tínhamos somente a pastoral da Crisma e a pastoral do Batismo, nas quais os adultos eram também preparados juntamente com o pessoal do Batismo de crianças.

Neste ano de 2008, vinte e dois jovens, entre dezesseis e trinta e dois anos, participam do catecumenato. Dezessete deles se preparam para serem iniciados na fé e vão receber os três sacramentos; os outros cinco completarão sua iniciação, ao receber a Crisma e a Eucaristia. Embora as reuniões sejam bastante dinâmicas, nem todos chegarão até o fim, devido às faltas nos encontros por motivo de trabalho ou por problemas pessoais, como também pelos impedimentos: amasiamento ou não-desejo de casar. A grande festa será no próximo sábado santo, na grande Vigília Pascal. Normalmente, quando termina o catecumenato já é praxe alguns dos catequizandos ficarem para ajudar nas próximas turmas.

O Coordenador do Catecumenato é o sr. Sebastião Resende, casado, pai de três filhos, bastante preparado na doutrina e na espiritualidade. Atualmente seguimos o livro *Caminho de fé*, dos Padres L. A. Brustolin e A. F. Lelo, cujo subtítulo é "Itinerário de preparação para o Batismo de adultos e para a Confirmação e Eucaristia de adultos batizados" (São Paulo, Paulinas, 2006). Nossa experiência com o livro já vem desde 2007. O livro tem um excelente conteúdo. Apresenta desde a dinâmica de acolhida do candidato aos sacramentos da Iniciação Cristã até a mais eloqüente doutrina de forma íntegra e completa.

Em nosso Vicariato Episcopal Rural, outras quatro paróquias também montaram grupos de catecumenato para adultos batizados ou não. Acredito que essa forma de catequese com adultos tem sido um elo forte dos catecúmenos com a espiritualidade litúrgica do RICA, do Mistério Pascal de Cristo no qual todos somos inseridos" (pe. Marcelo Fróes de Matos).

R E S U M O

Evita-se pensar que as pessoas já sejam crentes e, portanto, se faz necessário o "primeiro anúncio" em todas as formas de catequese. Urge fazer a experiência no Deus uno e trino, como comunidade de amor. Urge também conhecer e relacionar-se com Jesus de Nazaré e sentir-se incomodado com o anúncio do Reino.

O anúncio das realidades principais de nossa fé deverá constituir o eixo de todo o processo catequético.

A catequese conduz o batizado à participação plena, ativa e frutuosa na liturgia. O método para ser introduzido nos mistérios celebrados chama-se mistagogia.

A linguagem contemplativa da liturgia guia-se pela fé, pelo Evangelho tornado visível em gestos rituais que reproduzem as ações de Jesus.

O capítulo IV do RICA trata da "preparação para a Confirmação e a Eucaristia de adultos que, batizados na infância, não receberam a devida catequese", principal desafio da Igreja do Brasil.

O catecumenato dos adultos se impõe pela urgência dos tempos de hoje. No princípio porque era de conversão e proporcionava identidade numa sociedade paganizada. Hoje, porque retoma com força o querigma diante da fraca evangelização e do pluralismo religioso.

TRABALHO EM GRUPO

Por que se insiste na necessidade do catecumenato para os adultos que já foram batizados?

A iniciação cristã envolve três sacramentos. É bom que eles sejam vistos separadamente ou em unidade? Por quê?

Conclusão

A "inspiração catecumenal" supõe fazer da catequese um processo integral de educação cristã, ou seja, uma inserção nas dimensões fundamentais da vida cristã, no conhecimento do mistério de Cristo, na vida evangélica, na oração e celebração da fé e no compromisso missionário.

O estilo catecumenal requer uma mentalidade pastoral que opta pelo planejamento e pela formação permanente de catequistas, que compreenda a unidade do processo e enxergue nele o fundamento da vida e da ação dos cristãos na comunidade. Isso significa desconstruir mentalidades e esquemas pastorais baseados em visões sacramentais ultrapassadas que tentam se manter numa cultura de cristandade já extinta.

A catequese necessitará de um catequista com ampla formação, capacitado para o diálogo entre fé e cultura. Mais do que nunca se impõe uma nova visão de formação dos leigos. Somente boa vontade e conhecimentos fragmentados não se sustentarão diante do desafio a ser enfrentado diante dos adultos.

É um verdadeiro ministério, que requer investimento e tempo na preparação de leigos adultos. Há que se pleitear a formação sistemática dos catequistas. Estudo e tempo envolvem profissionalismo; são dois elementos que precisam ser redimensionados para que haja pessoas capacitadas para desenvolver uma missão que requer pedagogia, conhecimentos bíblicos e litúrgicos, além de vida eclesial e testemunho de fé.

Ao assumir a dimensão catecumenal, a catequese torna-se experiencial, celebrativa e orante. Dá importância aos símbolos e aos progressivos e graduais passos na fé, assumindo assim as características de um processo iniciático. Por isso, o catequista se capacitará para acompanhar adultos, jovens e crianças em seu itinerário de fé e para animar a ação catequética em todos os níveis.

Catequese mistagógica[1]

Anexo

A grande tradição litúrgica da Igreja ensina-nos que é necessário, para uma frutuosa participação, esforçar-se por corresponder pessoalmente ao mistério que é celebrado, através do oferecimento a Deus da própria vida em união com o sacrifício de Cristo pela salvação do mundo inteiro. Por esse motivo, o Sínodo dos Bispos recomendou que se fomentasse, nos fiéis, profunda concordância das disposições interiores com os gestos e palavras; se ela faltasse, nossas celebrações, por muito animadas que fossem, correriam o risco de cair no ritualismo. Assim, é preciso promover uma educação da fé eucarística que predisponha os fiéis a viverem pessoalmente o que se celebra. Vista a importância essencial dessa participação pessoal e consciente, quais poderiam ser os instrumentos de formação mais adequados? Para isso, os padres sinodais indicaram unanimemente a estrada de uma catequese de caráter mistagógico, que leve os fiéis a penetrarem cada vez mais nos mistérios que são celebrados. Em concreto e antes de mais nada, há que afirmar que, devido à relação entre a arte da celebração e a participação ativa, a melhor catequese sobre a Eucaristia é a própria Eucaristia bem celebrada; com efeito, por sua natureza a liturgia possui uma eficácia pedagógica própria para introduzir os fiéis no conhecimento do mistério celebrado. Por isso mesmo, na tradição mais antiga da Igreja, o caminho formativo do cristão — embora sem descurar a inteligência sistemática dos conteúdos da fé — assumia sempre um carácter de experiência, em que era determinante o encontro vivo e persuasivo com Cristo anunciado por autênticas testemunhas. Nesse sentido, quem introduz nos

---

[1] BENTO XVI. Exortação apostólica pós-sinodal *Sacramentum Caritatis*, sobre a Eucaristia, fonte e ápice da vida e da missão da Igreja. São Paulo, Paulinas, 2007. n. 64.

mistérios é primariamente a testemunha; depois, esse encontro aprofunda-se, sem dúvida, na catequese e encontra sua fonte e ápice na celebração da Eucaristia. Dessa estrutura fundamental da experiência cristã parte a exigência de um itinerário mistagógico, no qual será preciso ter sempre presentes três elementos:

a) Trata-se, primeiramente, da *interpretação dos ritos à luz dos acontecimentos salvíficos*, em conformidade com a tradição viva da Igreja; de fato, a celebração da Eucaristia, na sua riqueza infinita, possui contínuas referências à história da salvação. Em Cristo crucificado e ressuscitado, podemos celebrar verdadeiramente o centro recapitulador de toda a realidade (cf. Ef 1,10); desde o seu início, a comunidade cristã leu os acontecimentos da vida de Jesus, e particularmente o mistério pascal, em relação com todo o percurso do Antigo Testamento.

b) Além disso, a catequese mistagógica há de preocupar-se por *introduzir no sentido dos sinais* contidos nos ritos; essa tarefa é particularmente urgente numa época acentuadamente tecnológica como a atual, que corre o risco de perder a capacidade de perceber os sinais e os símbolos. Mais do que informar, a catequese mistagógica deverá despertar e educar a sensibilidade dos fiéis para a linguagem dos sinais e dos gestos que, unidos à palavra, constituem o rito.

c) Enfim, a catequese mistagógica deve preocupar-se por mostrar *o significado dos ritos para a vida cristã* em todas as suas dimensões: trabalho e compromisso, pensamentos e afetos, atividade e repouso. Faz parte do itinerário mistagógico pôr em evidência a ligação dos mistérios celebrados no rito com a responsabilidade missionária dos fiéis; nesse sentido, o fruto maduro da mistagogia é a consciência de que a própria vida vai sendo progressivamente transformada pelos sagrados mistérios celebrados. Aliás, a finalidade de toda a educação cristã é formar o fiel enquanto "homem novo" para uma fé adulta, que o torne capaz de testemunhar no próprio ambiente a esperança cristã que o anima.

Bibliografia

RICA: *Ritual de iniciação cristã de adultos*. São Paulo, Paulinas, 2003.

DOCUMENTOS DA IGREJA

BENTO XVI. Exortação apostólica pós-sinodal *Sacramentum Caritatis*, sobre a Eucaristia, fonte e ápice da vida e da missão da Igreja. São Paulo, Paulinas, 2007.

CELAM. *Documento de Aparecida*; texto conclusivo da V Conferência Geral do Episcopado Latino-Americano e Caribenho. 13-31 de maio de 2007. São Paulo, Paulus/Paulinas/Edições CNBB, 2007.

CNBB. *Catequese renovada*; orientações e conteúdo. São Paulo, Paulinas, 1983 (Documentos CNBB, n. 26).

————. *Evangelização da juventude*; desafios e perspectivas pastorais. São Paulo, Paulinas, 2007. (Documentos da CNBB, n. 85).

————. *Diretrizes gerais da ação evangelizadora da Igreja no Brasil. 2008-2010.* São Paulo, Paulinas, 2008 (Documentos da CNBB, n. 87).

————. *Com adultos, catequese adulta*; texto-base elaborado por ocasião da II Semana Brasileira de Catequese. São Paulo, Paulus, 2001 (Estudos da CNBB, n. 80).

CONGREGAÇÃO PARA O CLERO. *Diretório geral para a catequese*. 2. ed. São Paulo, Paulinas/Loyola, 1999.

CONGREGAÇÃO PARA O CULTO DIVINO. *Diretório para missas com crianças*. In: ALDAZÁBAL, J. *Celebrar a Eucaristia com crianças*. São Paulo, Paulinas, 2008.

SAGRADA CONGREGAÇÃO DOS RITOS. *Instrução sobre o culto do mistério eucarístico*. São Paulo, Paulinas, 2003.

LIVROS

AMBRÓSIO DE MILÃO. *Os sacramentos e os mistérios*; iniciação cristã nos primórdios (ARNS, P. E. Introdução e tradução – AGNELO, G. M. Comentários). Petrópolis, Vozes, 1972 (Fontes da Catequese, n. 5).

BRUSTOLIN, L. A.; LELO, A. F. *Caminho de fé*; itinerário de preparação para o Batismo de adultos e para a Confirmação e Eucaristia de adultos batizados. São Paulo, Paulinas, 2006.

III SEMANA LATINO-AMERICANA DE CATEQUESE. Discípulos e missionários de Jesus Cristo. *Revista de Catequese*, ano 29, n. 114, abril/junho de 2006, p. 49.

LELO, A. F. *A iniciação cristã*; catecumenato, dinâmica sacramental e testemunho. São Paulo, Paulinas, 2005.

NÚCLEO DE CATEQUESE PAULINAS (NUCAP). *Testemunhas do Reino*; catecumenato crismal (Livro do Catequista). São Paulo, Paulinas, 2008.

RODRIGUES, S. A. *Liturgia e catequese*. São Paulo, Paulinas (*em preparação*).

Sumário

Introdução 5

1. A iniciação cristã: características, desafios e finalidade 8
   Iniciação 10
   Desafio de ser cristão 11
   Finalidade da iniciação 13
   Resumo 15
   Trabalho em grupo 16

2. O *Ritual de iniciação cristã de adultos*:
   estrutura e pedagogia da fé 17
   Ritual de iniciação cristã de adultos (RICA) 18
   Resumo 33
   Trabalho em grupo 34

3. A unidade sacramental: Batismo, Confirmação, Eucaristia
   e suas mútuas relações 35
   Batismo 35
   Confirmação 37
   Eucaristia 38
   Mútua relação 39
   Conseqüências pastorais 41
   Resumo 43
   Trabalho em grupo 44

4. O estilo catecumenal 45
   Anúncio querigmático 46
   Interação entre catequese e liturgia 48

A catequese prioriza os adultos 52
Resumo 56
Trabalho em grupo 56

Conclusão 57

Anexo — Catequese mistagógica 59

Bibliografia 61
Documentos da Igreja 61
Livros 62

Rua Dona Inácia Uchoa, 62
04110-020 – São Paulo – SP (Brasil)
Tel.: (11) 2125-3500
http://www.paulinas.com.br – editora@paulinas.com.br
Telemarketing e SAC: 0800-7010081